AF551987

Das Praxisbuch der Kerzenmagie

Wie Sie mit der Kraft der Kerzen Ihr volles Potential entfalten, Ihre Wünsche manifestieren und Ihrem Lebensweg folgen

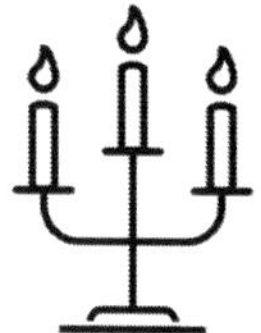

Nora Devi

Alle Ratschläge in diesem Buch wurden vom Autor und vom Verlag sorgfältig erwogen und geprüft. Eine Garantie kann dennoch nicht übernommen werden. Eine Haftung des Autors beziehungsweise des Verlags für jegliche Personen-, Sach- und Vermögensschäden ist daher ausgeschlossen.

ISBN: 9783969304280

Email: info@edition-lunerion.de
www.edition-lunerion.de

Psiana eCom UG
Berumer Str. 44
26844 Jemgum

INHALT

Vorwort

Ob Taufe, alte germanische Bräuche, buddhistische Zeremonien oder Sommersonnwende: Feuer und Kerzen spielen in allen Kulturen eine mächtige Rolle und zahlreiche Rituale sind ohne das geheimnisvolle Flackern nicht denkbar. Die Kraft und Symbolik der Kerzen ist der Menschheit seit Jahrtausenden ganz selbstverständlich vertraut und so können auch Sie die uralten Mächte ganz einfach in Ihr modernes Leben zurückholen. Denn Kerzenmagie ist für jeden anwendbar, kinderleicht zu erlernen, verlangt keinen großen Aufwand und lässt sich jederzeit an Ihre persönlichen Bedürfnisse anpassen. Nutzen Sie Kerzen in Manifestationen für Reinigung, mentale Klarheit, Liebe, Lebensaufgaben und vieles mehr und entdecken Sie in diesem Buch, wie Sie Ihre perfekten Rituale entwickeln. Mit Mystik und Magie haben Sie kaum Erfahrung? Keine Sorge, denn gerade die Kerzenmagie eignet sich ideal für jeden, der zum ersten Mal mit seinen magischen Fähigkeiten in Kontakt treten möchte – und die leicht verständlichen Anleitungen und Erklärungen machen Ihnen den Einstieg zum Kinderspiel!

Die faszinierende Welt der Kerzenmagie

Es gibt viele magische Traditionen, bei denen Kerzen oder deren Wachs zum Einsatz kommen. Rituale, bei denen Wünsche oder Absichten auf einen Zettel notiert und im Anschluss verbrannt werden, sind vielen Menschen ein Begriff. Auch das rituelle Entzünden der Kerzen zu besonderen Anlässen ist typisch. Kerzenmagie hat viele Facetten und kann für fast alle magischen Zwecke genutzt werden.

Nicht immer läuft es in Ihrem Leben so, wie Sie es sich vorstellen. Viele Ereignisse lassen sich nicht vorhersehen und da ist es hilfreich, wenn Sie auf gutes altes Hexenwissen zurückgreifen können, um dem Schicksal doch noch einen kleinen Schubs in die richtige Richtung zu geben. Viele Menschen denken, Magie sei nicht real und magische Rituale hätten nur eine begrenzte Wirkung. Doch auch diese Menschen nutzen vielleicht unbewusst Rituale in ihrem Leben, um ihren Zielen näherzukommen. Sie würden diese Rituale jedoch nie als Magie bezeichnen. Im Grunde greifen sie aber ebenso auf magische Handlungen zurück und glauben fest an deren Wirkung oder wünschen sich einen positiven Effekt

herbei. Nehmen wir beispielsweise den Sportler, der vor jedem Spiel sein Glücksarmband anlegt, damit er sein Leistungspensum halten kann, die Familie, die an Weihnachten bestimmte Traditionen einhält, oder auch zeremonielle Handlungen bei einer Hochzeit, damit das Brautpaar ewiges Glück in der Liebe erhält. Magie ist daher immer etwas sehr Persönliches und wird von jedem Menschen anders wahrgenommen sowie praktiziert. Es gibt hier nicht den einen richtigen Weg, sondern der richtige Weg ist der, der unmittelbar ans Ziel führt und ein gutes Gefühl hinterlässt.

Wer Magie praktiziert, der weiß, dass es nicht immer aufwändige Rituale braucht, um an sein Ziel zu gelangen. Schon kleine magische Rituale mithilfe von Kerzen können eine große Wirkung entfalten. Dazu braucht es lediglich eine passende Kerze, eine magische Handlung, einen Zauberspruch und ein starkes Vorstellungsvermögen. Denn genau durch die Kraft der Visualisierung wird Kerzenmagie überhaupt erst möglich. Erwarten Sie bitte nicht, dass sich Ihre Probleme in Luft auflösen, nur weil Sie eine Kerze anzünden. Sie müssen schon ein Ziel vor Augen haben und offen für neue Impulse sein. Ein Kerzenritual kann Sie dann bei Ihrem Vorhaben unterstützen. In unterschiedlichen Kulturen schon war es Brauch, bei bestimmten Traditionen Kerzen einzubeziehen. Sie erschufen die richtige Atmosphäre und waren fester Bestandteil von Ritualen. Beispielsweise gehört das Kerzenritual im christlichen Glauben zu vielen Anlässen dazu. Egal, ob zur Taufe, Hochzeit oder zum Osterfest, Kerzen vermitteln eine Botschaft, die immer leicht verständlich ist. Heute noch werden Kerzen angezündet, um Solidarität, Trauer, Liebe, Hoffnung oder auch Dankbarkeit auszudrücken. Kerzenrituale waren immer ein Teil verschiedenster Religionen und Kulturen und sind vielfältig in der Symbolik.

Feuer wurde schon zu Zeiten der heidnischen Vorfahren, wie beispielsweise der Kelten und Germanen, für rituelle Zwecke genutzt. Vielmehr war das Feuer nicht nur eine einfache Lichtquelle, sondern auch eine heilige Ressource. Neben der Wärme und dem Schutz vor wilden Tieren sorgte das Feuer auch dafür, dass eine Verbindung zwischen den Göttern hergestellt werden konnte. Feuerrituale sollten die Aufmerksamkeit der Götter erwecken und ihnen gleichzeitig ein Opfer darbieten. Mit dem Entzünden von Fackeln und Kerzen wurden die heidnischen Götter verehrt. Auch heute sind Kerzen unverzichtbar für die meisten Religionen. So hat sich das Feuer verständlicherweise über viele Jahrtausende hinweg als heiliges Symbol etabliert und ist deshalb aus vielen magischen Ritualen nicht mehr wegzudenken.

Auch Sie können sich die Kraft der Kerzenmagie zunutze machen und auf Ihre spirituelle Energie zurückgreifen, indem Sie das Aroma, das Licht und das rituelle Anzünden zelebrieren. Die Magie der Kerzen kann Ihnen dazu verhelfen, positive Glaubenssätze besser zu verinnerlichen sowie eine optimistische Einstellung zu verfestigen. Außerdem lernen Sie, Ihre Wünsche zu manifestieren und diese zu konkretisieren. Doch zunächst möchten Sie natürlich wissen, wie Kerzenmagie wirkt und wie Sie diese in Ihr Leben integrieren können.

KERZENMAGIE: WAS HAT ES DAMIT AUF SICH?

Für den Einstieg in die Magie eignen sich Kerzenrituale hervorragend, weil sie nicht aufwändig sein müssen und dabei nicht unbedingt zeremonielle Hilfsmittel benötigt werden. Lediglich die Fokussierung auf einen Wunsch oder ein Ziel, in Kombination mit einem Mantra oder Zauberspruch, reicht aus, um ein Kerzenritual zu vollziehen. Schon allein das beruhigende Flackern einer Kerze kann Ihnen dabei helfen, sich mit Ihren unsichtbaren Energien zu verbinden. Diese Energien trägt jeder Mensch in sich. Sie müssen nur einen Weg finden, wie Sie Ihre magischen Kräfte entfesseln können. Besonders werden diese z.B. entfesselt, wenn Sie die Kerzenmagie noch mit einer passenden Meditation verknüpfen. Das Beste an der Kerzenmagie ist, dass sie sich an jede Situation und an jeden

Wunsch anpassen lässt. Es gibt hier keine starren Strukturen oder Regeln, die nach einem bestimmten Schema eingehalten werden müssen. Das gibt es in der Magie sowieso nicht, denn Sie als Hexe entscheiden, wie Sie Magie wirken lassen möchten. Jedes Kerzenritual kann von Ihnen individuell verändert bzw. angepasst werden. Ganz, wie es Ihren Vorstellungen entspricht. Wichtig ist dabei, dass Sie Ihrer Intention treu bleiben und sich nicht verunsichern lassen. Wenn Sie jetzt ein bestimmtes Ritual ausprobieren möchten, aber den Vorgang unpassend finden, dann steht es Ihnen frei, Änderungen vorzunehmen und das Ritual individuell zu perfektionieren. Ihre individuelle Note wird Ihren Zauber deshalb verstärken, weil Sie sich wohlfühlen und dies auch ausstrahlen. Holen Sie sich für Ihre Kerzenrituale so viele Inspirationen wie nur möglich und stellen Sie sich dann Ihre persönlichen Vorlieben zusammen. Denn was bei einer Person gut funktioniert, kann bei Ihnen vielleicht vollkommen wirkungslos erscheinen. Notieren Sie sich Ihre Rituale, damit Sie herausfinden können, welche Vorgehensweisen Sie beibehalten möchten und welche geändert werden sollten.

Bevor Sie mit der Kerzenmagie beginnen, sollten Sie sich über Ihre Absichten im Klaren sein, denn hier gibt es einiges, was Sie beachten sollten. Dazu erzähle ich Ihnen später mehr. Wenn Sie dann ein klares Ziel vor Augen haben, müssen Sie nur noch Ihr Ritual vollziehen. Dieses besagte Ritual kann anfangs noch ganz schlicht ausfallen und muss nicht zwingend einen längeren Zeitraum andauern. Für den Anfang ist es nicht notwendig, seitenlange Texte oder Rituale auswendig zu lernen und so den Faden zu verlieren. Konzentrieren Sie sich lieber auf Ihren Wunsch und setzen Sie ganz auf Ihr Bauchgefühl. Das ist in der Magie ein häufiger Anfängerfehler. Rituale, die über Stunden ausgeführt werden müssen, mit Zaubersprüchen, die überhaupt nicht auf Sie zugeschnitten sind, können nicht wirken, weil Sie nicht mit Herz und Seele bei der Sache sind. Und genau darauf kommt es an. Genau wegen der unkomplizierten Rituale liebe ich die Kerzenmagie.

Hier muss nicht auf unnötigen Schnickschnack zurückgegriffen werden, sondern die Magie der Kerze genügt, um ein wirkungsvolles Ritual durchzuführen.

Im weiteren Verlauf dieses Buches habe ich für Sie viele Kerzenrituale zusammengestellt, die Ihnen als Anregung dienen können. Beispielsweise lassen sich diese Rituale auch wunderbar in Ihren Alltag integrieren, weil diese nicht zu viel Zeit in Anspruch nehmen. Für den Anfang können Sie einen geeigneten Platz für Ihre magische Kerze suchen. Das kann ein Nachttisch, eine Kommode oder sogar eine Fensterbank sein. Sie brauchen nicht unbedingt einen üppig geschmückten Altar mit zahlreichen Utensilien. Vielmehr kann Sie dieser Überfluss ablenken und Sie kommen deswegen mit Ihrem Ritual nicht wirklich weiter. Setzen Sie anfangs daher auf einen minimalistischen Altar, wenn Sie denn einen nutzen möchten. Sie können auch einen kleinen tragbaren Altar in einer Blechdose oder in einer hübschen Schatulle nutzen. Das hat den Vorteil, dass Sie Ihre Kerzenmagie unterwegs gleich dabeihaben. Wenn sich dann an einem kraftvollen Ort eine Möglichkeit bietet, können Sie Ihre Rituale sogar in der freien Natur durchführen. So können Ihre Energien besser fließen, was einen positiven Effekt auf die Wirkung mit sich bringt. Wichtig ist, dass Sie auf eine Regelmäßigkeit Ihrer Rituale achten. Dabei spielen viele Faktoren eine große Rolle. Beispielsweise sollten Sie den Mondstand, die Sterne, den Wochentag, die Tageszeit, aber auch Ihr persönliches Empfinden im Blick halten. Noch dazu ist auch der Ritualort nicht unbedeutend. Die Farben Ihrer Kerzen spiegeln den Nutzen Ihres Rituals wider und besitzen ebenfalls unterschiedliche Bedeutungen. Das sollten Sie nicht vernachlässigen. Auch hierzu werde ich Ihnen später mehr Informationen liefern, damit Ihre Rituale noch wirksamer werden können.

DAS GROSSE POTENZIAL DER MYSTIK IN KERZEN

Flackerndes Kerzenlicht hat eine beruhigende Wirkung auf uns Menschen und verschafft uns eine ganz besondere Atmosphäre. Kerzen haben ihren Charme auch in Zeiten von künstlichen Lichtquellen nie verloren und erfreuen sich noch immer großer Beliebtheit. Im Alltag begegnen uns Kerzen in allen Größen und Variationen. Sie sind Symbolträger bei Geburtstagen, kommen auf der Terrasse in Windlichtern zum Einsatz oder leisten bei Candle-Light-Dinnern romantische Dienste. Wann genau die ersten Kerzen erfunden wurden, konnte bis heute nicht erforscht werden. Fest steht allerdings, dass schon vor über 5000 Jahren Kerzen genutzt wurden und es sogar Hinweise gibt, dass bereits viele Ureinwohner der Erde ihre eigenen Kerzen hergestellt haben. Die Faszination für Kerzen verschwand vielleicht deshalb nicht, weil diese für ihre Einfachheit sowie für ihre Schönheit geschätzt werden. In vielen Religionen wird die Kerze für Zeremonien entzündet und besitzt einen feierlichen Hintergrund. Im Christentum symbolisiert sie die Seele, welche in der Dunkelheit des Todes erstrahlt. In der nordischen und germanischen Kultur wird die Kerze vor der Wintersonnenwende angezündet und soll so der Sonne einen Ansporn geben, die Dunkelheit zu verdrängen.

Kerzen wurden somit schon immer als mystisches Werkzeug angesehen und dienten nicht nur als Leuchtmittel. Denn das Feuer der Kerze, und mag es noch so klein sein, hatte eine immense Bedeutung für die Menschen. Das Feuer war und ist verantwortlich für das Leben. Ohne Feuer hätte die Menschheit nicht zu dem werden können, was sie jetzt ist. Kein Aufbau der Zivilisation hätte ohne die Verwendung des Feuers stattfinden können. Nehmen wir doch beispielsweise die Zubereitung von Speisen oder das Herstellen von Waffen und Werkzeugen. All dies hätte sich ohne Feuer niemals so weit entwickeln können. Und genau deswegen wird das Feuer oder auch die Kerze noch heute wertgeschätzt.

Wie wirkt Kerzenmagie?

Eine einfache Kerze setzt mit ihrer Flamme Energie frei. Diese Flamme wird von Sauerstoff, also der Luft, genährt. Bei diesem Vorgang können Sie Ihre eigenen Absichten auf die Flamme übertragen und so dafür sorgen, dass diese Absichten ebenso wachsen können wie die Flamme der Kerze. Im Grunde wandeln Sie Ihre Intention in Energie um und das Feuer der Kerze kann Ihnen hierfür unterstützend zur Seite stehen.

In der Magie wird die Kerze dem Element Feuer zugeordnet und sie steht für Transformation. Ebenso sind die anderen Elemente bei einer Kerze vertreten. Das Element Feuer steht für die Flamme, Luft für die Nahrung der Flamme, Wasser für das geschmolzene Wachs und Erde für das feste Wachs. Bei vielen rituellen Handlungen darf die Kerze keinesfalls fehlen und selbst, wenn sie nicht zum eigentlichen Ritual dazugehört, schwören viele Hexen auf ihre Präsenz. Kerzen verstärken durch ihr Feuer nicht nur ein Ritual, sondern können auch dabei behilflich sein, in eine Art Trance zu gleiten. Dabei ist die Kerze ein wirkungsvolles Hilfsmittel, weil sie die Konzentration bündeln kann. Das rituelle Entzünden von Kerzen hat zudem etwas Meditatives und hilft Ihnen dabei, sich schneller mit Ihren Energien zu verbinden. Mit der Kraft der Kerzen können Sie Ihre Rituale lenken und positiv beeinflussen. Indem Sie eine Kerze entzünden, halten Sie automatisch inne und finden zur Ruhe. Möchten Sie Kerzen in Ritualen einsetzen, kommt es wieder auf viele Faktoren an, damit Ihr Zauber auch richtig wirken kann. Die Wahl der Kerzenfarbe, die Größe der Kerzen, der Aufbau des Rituals, der Ritualort– all dies gilt es, zu beachten, wenn Sie Ihre Wünsche manifestieren möchten. Natürlich ist Ihre Intention nicht zu vernachlässigen, denn mit dieser übergeben Sie Ihre Wünsche dem Feuer. Kerzenmagie können Sie für nahezu all Ihre Wünsche einsetzen. Sie hat den großen Vorteil, dass Sie keine aufwändige Vorbereitung benötigen. Die Rituale können sogar über mehrere Tage hinweg vollzogen werden, wenn Sie Kerzen mit einer langen Brenndauer nutzen. So können Sie eine kleine Pause einlegen oder jeden Tag den richtigen

Zeitpunkt für Ihr Ritual abwarten. Das Potenzial der Kerzenmagie ist sehr groß, denn Sie können Ihrer Kreativität freien Lauf lassen. Ob Sie nun Symbole in Ihre Kerze ritzen, diese mit ätherischen Ölen einreiben oder einfach nur die Kerze als Wunschverstärker nutzen – die Möglichkeiten für magische Handlungen stehen Ihnen unbegrenzt zur Verfügung. Mithilfe der Kerze können Sie tief in Ihr Unterbewusstsein eindringen und herausfinden, welche Sehnsüchte sich in Ihnen verbergen. Innere Blockaden lösen sich und Sie haben die Möglichkeit, gezielt Ihre Wünsche zu formulieren.

DER KODEX DER MAGIE

Bevor Sie mit der Kerzenmagie beginnen, sollten wir noch allgemein über Magie sprechen. Vielleicht wissen Sie schon einiges über Magie und haben auch schon verschiedene Zauberformeln oder Rituale durchgeführt. Dennoch ist es gut, wenn Sie die Basics beherrschen und diese immer wieder auffrischen. Magie bedeutet nicht nur, einen Spruch aufzusagen, um die Zukunft zu beeinflussen. Magie ist eine Lebenseinstellung und bedarf viel Erfahrung, Selbstliebe und auch Lernbereitschaft. Sie werden sich beim Praktizieren magischer Rituale immer wieder neu entfalten und vielleicht sogar an Ihre persönlichen Grenzen stoßen. Das alles ist ein Entwicklungsprozess, den Sie als Hexe ständig durchlaufen werden. Um Magie zu verstehen, benötigen Sie keine umfassende Bibliothek an magischen Ratgebern, müssen Kurse belegen oder sich das Wissen von erfahrenen Hexen aneignen. Alles, was Sie dafür brauchen, tragen Sie bereits in sich. Mit Ihren eigenen Erfahrungen erschaffen Sie Magie, indem Sie aufmerksam und neugierig durchs Leben gehen. So ist die Magie ein Werkzeug, mit dessen Hilfe Sie Ihre persönliche Wirklichkeit beeinflussen können. Die Energie stammt dabei aus Ihrem Geist und steuert Ihre Glaubenssätze gezielt. Es gibt viele verschiedene Techniken, Magie auszuüben oder auszuleben.

Dazu gehören:

- ❖ Invokationen (Anrufungen, Bannsprüche und Zaubersprüche)
- ❖ Energetische Arbeit
- ❖ Arbeit mit fremden Mächten und Energien, wie z. B. Engeln und Göttern
- ❖ Das Nutzen von magischen Symbolen, wie Sigillen oder Runen
- ❖ Ritual-Ausübung mit magischen Gegenständen, wie Kerzen, Dolchen oder Kristallen
- ❖ Visualisierungen und Gedankentraining
- ❖ Arbeit mit der Astralwelt
- ❖ Erdung und Meditation
- ❖ Astrologie
- ❖ Arbeiten mit dem Unterbewusstsein, der Intuition oder der Willenskraft
- ❖ Divination wie Tarot, Handlesen oder Pendeln

Die Wahl steht Ihnen natürlich vollkommen frei, welche Rituale und Techniken Sie anwenden oder auch welche Art von Magie Sie praktizieren möchten. Ihnen sollte jedoch bewusst sein, dass Sie mit Ihren Ritualen eine große Verantwortung eingehen. Jeder Zauber und jede magische Handlung zieht Folgen nach sich. Ob diese Folgen positiv oder negativ sind, haben Sie selbst in der Hand. Magie lenkt Energien und kann großen Einfluss auf Ihr Leben haben. Deshalb ist es wichtig, dass Sie sich mit den Grundsätzen der Magie vertraut machen.

Diese Grundsätze geben Ihnen eine Richtung vor und helfen Ihnen dabei, Anfängerfehler zu vermeiden. Außerdem sollten Sie den Unterschied zwischen weißer und schwarzer Magie kennen, denn selbst das augenscheinlich harmlose Ritual kann sich als schwarze Magie entpuppen, wenn Ihre Absichten anderen Menschen schaden sollen. Wenn Sie ein paar Grundregeln befolgen, haben Sie in der Magie viele Freiheiten und brauchen auch keine negativen Folgen zu befürchten. Ich möchte nur, dass Sie sich vollkommen darüber im Klaren sind, was Sie mit Magie bewirken können und was nicht.

Grundsätze der Magie

Es liegt an Ihnen, für welche Art der Magie Sie sich entscheiden. In diesem Buch finden Sie ausschließlich weiß-magische Rituale, mit denen Sie positive Energien freisetzen können. Außerdem gibt es noch ein paar Grundregeln, die Sie bei der Arbeit mit weißer Magie befolgen sollten. Diese Regeln oder auch Grundsätze helfen Ihnen dabei, auf Ihrem gewählten Pfad zu bleiben und nicht abzudriften.

1. Vermeiden Sie es, bei Ihren Ritualen anderen Schaden zuzufügen. Jedes Ritual hat eine Wirkung und diese Wirkung sollte Ihnen von vornherein bewusst sein.
2. Es gibt in der Magie ein „universelles Gesetz", welches besagt, dass alles, was Sie aussenden, 3-mal auf Sie zurückfallen wird. Schaden Sie jemandem, dann bekommen Sie die Negativität irgendwann dreifach zu spüren. Also überlegen Sie genau, was Sie mit Ihrer Magie bewirken möchten.
3. Niemals sollten Sie ohne das Einverständnis von anderen Personen einen Zauber ausüben, der Einfluss auf deren Schicksal haben könnte.
4. Menschen sind für Ihr eigenes Schicksal verantwortlich und deshalb sollten Sie nur bedingt Liebeszauber anwenden. Dieser Liebeszauber sollte keinesfalls manipulierend sein oder Negativität heraufbeschwören.
5. Mit der Magie gehen Sie eine Verbindung ein. Daher müssen Ihnen alle Folgen bewusst sein. Wie bei einem Vertrag erhalten Sie eine Gegenleistung für Ihre Rituale.
6. Formulieren Sie positive Zaubersprüche und nutzen Sie liebevolle Worte, anstatt einschüchternd zu wirken. Ihre Worte formen die Realität und besitzen eine große Macht.

7. Achten Sie bei Ihren Ritualen auf Gegensätze, denn diese sind für Harmonie verantwortlich (männlich und weiblich, Tag und Nacht etc.).
8. Arbeiten Sie mit der Natur und deren Zyklen. Sie sind wichtig für die Ausführung bestimmter Rituale. Es gibt Tageszyklen, Mondzyklen, Lebenszyklen und Jahreszyklen.
9. Nach einem Ritual sollten Sie sich beim Universum, Ihren Gottheiten, Wesenheiten und auch bei sich selbst bedanken. Wünschen Sie allen Lebewesen nur das Beste und gehen Sie respektvoll mit diesen um.
10. Sie dürfen jede Art von Magie ausüben, solange Sie niemandem dabei schaden.

Ich möchte Sie noch darauf hinweisen, dass Magie niemals angewendet werden sollte, wenn Sie sich schlecht fühlen. Es mag verlockend sein, in manchen Situationen ein Ritual durchzuführen, eben weil Sie sich dadurch eine Verbesserung Ihrer Umstände oder jenen einer anderen Person erhoffen. Doch zu starke Emotionen sorgen in der Magie nur für Chaos und bewirken eher das Gegenteil. Wenn Sie magisch arbeiten möchten, sorgen Sie für einen ausgeglichenen Gemütszustand oder versuchen Sie, beispielsweise durch Entspannungstechniken Ihren Geist zu beruhigen. Mit einem klaren Verstand lässt es sich leichter zaubern als mit einem von Emotionen vernebelten Bewusstsein. Außerdem lassen Sie sich sonst zu fragwürdigen Entscheidungen hinreißen und bereuen Ihre Vorgehensweise später vielleicht noch. Deshalb machen Sie es sich vor Ihren magischen Handlungen zur Routine, ein kleines Entspannungsritual einzubeziehen. Es wird Ihrer Seele guttun und Sie können sich so besser auf Ihr eigentliches Ziel fokussieren. Ich habe vor meinen Ritualen immer ein kleines Bad genommen, das mich aus dem Alltag entfliehen ließ. Dadurch war mein Geist entspannt und ich konnte mit gutem Gewissen meiner magischen Arbeit nachgehen.

Weiße Magie

Weiße Magie konzentriert sich ausschließlich darauf, keine böswilligen Absichten zu verfolgen. Sie wird niemals eigennützig verwendet. Das bedeutet, wenn Sie ein weiß-magisches Ritual ausüben möchten, dürfen Sie niemandem damit schaden oder gegen den Willen anderer Personen agieren. Viele Liebesrituale werden fälschlicherweise oft als weiße Magie angesehen, manipulieren jedoch andere Personen und zwingen ihnen eine andere Sichtweise auf. Das ist nicht der Sinn und Zweck weißer Magie. Vielmehr geht es bei der weißen Magie darum, positive Energien in die Welt hinauszusenden und unterstützend zu wirken. Nächstenliebe, Schutz, Heilung und Reinigung haben hier höchste Priorität.

So wird von praktizierenden Hexen der weißen Magie die Welt als positiver Ort angesehen, dessen Potenzial noch nicht komplett ausgeschöpft ist. Mit weißer Magie kann dieses Potenzial erhöht werden und sie kann dazu beitragen, allen Menschen zu helfen. Der Fokus der weißen Magie liegt hier auch auf der Selbstoptimierung und dem Erreichen eines höheren Daseins. Mithilfe der Macht des Universums können weiß-magische Rituale zu einer Verbesserung und Steigerung der Lebensqualität aller Lebewesen führen.

Schwarze Magie

Bei der schwarzen Magie geht es nicht etwa darum, satanistische Rituale auszuüben, wie von vielen Menschen fälschlicherweise angenommen. Denn den eigentlichen Satan gibt es in der Hexerei nicht. Er hat seinen Ursprung im christlichen Glauben und aufgrund seiner negativen Energien wird ihm fälschlicherweise die schwarze Magie zugeordnet. Diese Art der Magie konzentriert sich auf das Ausüben von manipulativen Strategien, die negative Folgen mit sich bringen können. Wer schwarz-magische Rituale praktiziert, muss immer auf die möglichen Konsequenzen gefasst sein. Jede Art von Magie, die andere Menschen kontrolliert oder negativ beeinflusst, wird der schwarzen Magie zugeschrieben, selbst, wenn das Ritual augenscheinlich ein positives Ziel verfolgen soll. Sobald gegen den Willen eines Lebewesens gehandelt wird, liegt keine weiße Magie mehr vor.

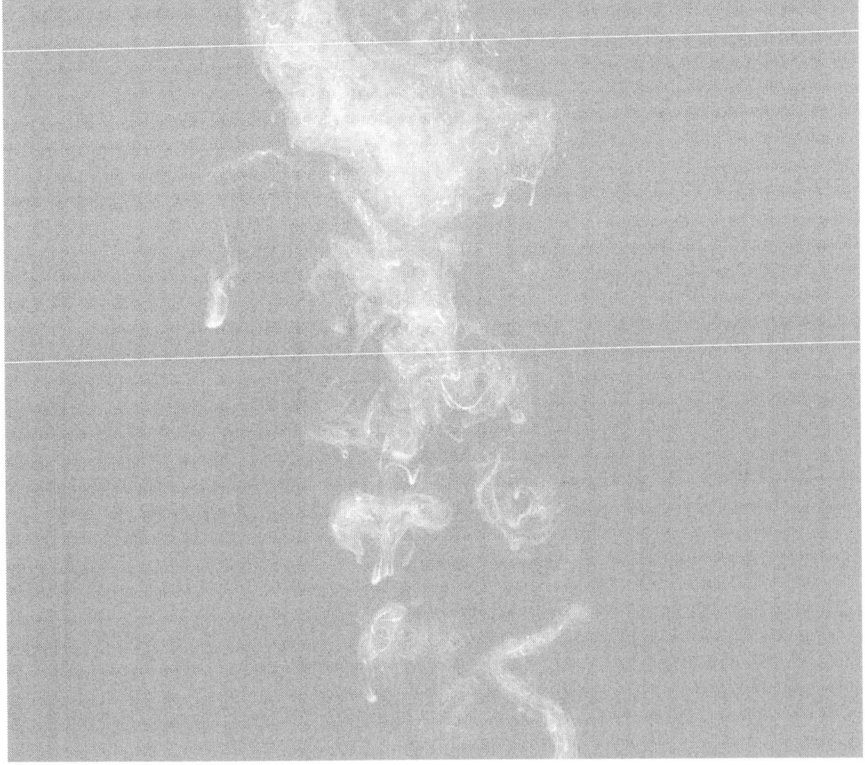

Anwendung & Wissenswertes

Wenn Sie sich schon etwas mit Magie auskennen, werden Ihnen sicherlich einige der folgenden Punkte bekannt vorkommen. Vor allem die Magie der Farben und Symbole spielen in der Praxis eine große Rolle. Ohne dieses Wissen werden Sie in der Magie wenig Erfolg haben oder die Wirkung Ihrer Rituale bleibt mitunter ganz aus. Beschäftigen Sie sich deshalb ausführlich mit der Wahl Ihrer Kerze, bevor Sie Ihr Ritual beginnen. Ausschlaggebend für Ihren Erfolg sind natürlich auch die Wahl des Ritualortes, der Zeitpunkt und auch Ihre Absicht, die Sie mit der Kerze transportieren möchten. Nachfolgend stelle ich Ihnen die wichtigsten Punkte vor, die Sie bei der Wahl Ihrer Kerzen und bei der Ausführung der Kerzenmagie beachten sollten:

Achten Sie unbedingt auf das Material Ihrer Kerze. Paraffinkerzen sind nicht unbedingt für Ihre Rituale geeignet, weil diese aus Erdöl hergestellt wurden und somit giftige Chemikalien freisetzen können. Besser sind Kerzen aus natürlichen Materialien wie Bienenwachs oder Soja. Aber auch hier gilt es, einen Blick auf die Inhaltsstoffe zu werfen, denn manche Kerzen werden auch gerne mit Paraffin gestreckt oder enthalten trotzdem geringe Mengen an Pestiziden. Wenn Sie ganz sichergehen möchten, kaufen Sie Kerzen biologischer Herkunft. Vermeiden Sie Duftkerzen in Ihren Ritualen, denn diese Kerzen werden mit künstlichen Duftstoffen versetzt, welche keine magische Wirkung besitzen. Oft sind diese Duftstoffe sogar gesundheitsschädlich. Alternativ können Sie Ihre Kerze mit ätherischen Ölen einreiben. Das hat den Vorteil, dass Sie Ihre Kerzen gleichzeitig von negativen Energien befreien und ihnen so einen angenehmen Duft verleihen können. Nehmen Sie für jedes Ritual eine neue Kerze. Benutzen Sie eine Kerze nicht für mehrere Rituale, denn dann werden Sie mit dieser Kerze keine Wirkung mehr erzielen können. Ihre Kerze nimmt die Energie des Rituals auf und bei einer weiteren Verwendung bleiben diese Energien an der Kerze haften. Sie würden so ihr kommendes Ritual ruinieren, weil eben die alten Energien die Wirkung der Kerze beeinträchtigen. Wenn Sie übriggebliebene Ritual-Kerzen besitzen, können Sie diese als Haushaltskerzen weiternutzen oder auch neue Kerzen daraus herstellen. Oft wird gesagt, dass eine Kerze nicht ausgepustet werden sollte, weil dann alle Wünsche weggeweht werden. Ich persönlich würde Ihnen raten, passend zum Ritual einen Weg zu finden, wie Sie die Kerze löschen möchten. Schicken Sie Wünsche ins Universum hinaus, dann eignet sich das Auspusten als ritueller Bestandteil sehr gut. Möchten Sie jedoch negative Energien loswerden, sollten Sie die Kerze lieber ersticken. Sie ersticken dann auch die negativen Energien und sorgen dafür, dass diese nicht im Raum herumschweben. Überlegen Sie also, welche Art des Löschens zu Ihrem Ritual passen könnte.

Ritual-Kerzen sollten möglichst durchgefärbt und nicht nur mit einer Farbschicht überzogen sein. Der Grund liegt hier in der Energieverteilung der Kerze. Ist die Kerze nicht durchgefärbt, können Energien nur an der Oberfläche der Kerze haften bleiben, aber nicht komplett in die Kerze eindringen. Das kann die Wirkung Ihres Rituals enorm beeinträchtigen. Einzige Ausnahme bilden Gold, Silber und Kupfer, diese sind durchgefärbt kaum zu finden.

KERZENARTEN

Es gibt eine große Auswahl an Kerzen im Handel und mitunter ist es nicht immer leicht, dort den Überblick zu behalten. Besonders, wenn Sie gerade mit dem Zaubern anfangen, kann es für Sie schwer werden, die richtigen Kerzen für Ihr Ritual zu finden. Mittlerweile gibt es sogar spezielle Zauberkerzen für alle möglichen Rituale zu kaufen. Diese Zauberkerzen kosten allerdings auch viel mehr als die einfachen Versionen, weil sie schon in irgendeiner Form für die Magie vorbereitet wurden. Ob das was für Sie ist, müssen Sie selbst entscheiden. Ich persönlich finde es immer besser, wenn man seine Kerzen selbst reinigt und individualisiert, anstatt dies von anderen durchführen zu lassen. Doch zunächst sollten Sie wissen, welche Kerzen sich für Ihre Zwecke eignen. Ich habe Ihnen deshalb eine kleine Übersicht der Kerzenarten erstellt, um Sie bei der Entscheidung zu unterstützen.

Teelichter

Für kleinere Rituale oder auch für unterwegs eignen sich Teelichter hervorragend. Sie sind mit einer runden Metallhülle oder Plexiglas ummantelt und können aufgrund ihrer kleinen Größe überall aufgestellt werden. Diese Kerzen brennen schnell ab und sind deshalb geeignet für kurzzeitige Rituale. Symbole oder Verzierungen an der Kerze selbst können jedoch kaum angebracht werden, da hier Fläche fehlt. Für schnelle Zaubersprüche, die Klarheit, Konzentration oder auch Glück und Wohlstand hervorrufen sollen, sind Teelichter eine günstige und wirksame Alternative zu größeren Kerzen. Es gibt sie auch in unterschiedlichen Farben, sodass für fast jedes Ritual die passende Kerze gefunden werden kann.

Stumpenkerzen

Auch wenn Ihnen Stumpenkerzen mit ihrer dicken und breiten Form zusagen, sollten Sie bedenken, dass diese Kerzen über eine sehr lange Brenndauer verfügen. Die meisten Rituale beabsichtigen, dass die Kerze bis zum Schluss herunterbrennt, und deshalb könnten Stumpenkerzen hier nur bedingt geeignet sein. Wenn Sie natürlich ein Ritual vollziehen, bei dem die Kerze stufenweise herunterbrennen soll, etwa an bestimmten Tagen oder immer zu einem festgelegten Zeitpunkt, dann sind Stumpenkerzen natürlich sehr praktisch. Diese Kerzen haben allerdings oft einen großen Wachsverlust zu beklagen. Dieses Wachs können Sie aber für neue Kerzen einschmelzen, als Wachssiegel nutzen oder daraus magische Wachssymbole herstellen. Ich würde Stumpenkerzen nur für Rituale nutzen, die sich über einen längeren Zeitraum erstrecken und bei denen die Ziele langfristig wirken sollen.

Votivkerzen

Votivkerzen sehen aus wie kleine Stumpenkerzen, sind allerdings von der Form her etwas gedrungener. Meistens werden diese Kerzen in einem Teelichtglas abgebrannt, da sie sehr viel Wachs verlieren. Sie brennen länger als Teelichter und Spitzkerzen, da der Docht langsam in das Wachs einsinkt. Sie eignen sich für kleinere Rituale, die nicht über einen längeren Zeitraum abgehalten werden müssen.

Figurenkerzen

Für viele Rituale gibt es passende Figurenkerzen, welche die Wirkung Ihres Zaubers verstärken können. Es gibt sie sogar mit ätherischen Ölen versetzt, mit Blüten oder Kräutern verziert oder in den ausgefallensten Formen. Ob Totenköpfe, Symbole oder männliche und weibliche Torsos, der Fantasie sind hier kaum Grenzen gesetzt. Für Heilungsrituale gibt es sogar Kerzen, die bestimmte Körperteile darstellen. Sie können Figurenkerzen auch prima selbst herstellen und diese Kerzen schon bei der Herstellung mit Ihren Intentionen versehen.

Spitzkerzen

Mein persönlicher Favorit für Rituale sind kleine Spitzkerzen mit einer Brenndauer von ungefähr 30 Minuten. Diese Kerzen sind schmal und kurz, können dennoch mit Symbolen verziert werden und haben den Vorteil, dass Sie die hellsten Flammen aufweisen. Sie können auch ganz einfache Leuchter Kerzen nutzen, diese brennen allerdings länger und noch dazu müssen Sie genügend Geduld aufbringen, bis Sie Ihre Absichten in das Universum losschicken können. Von daher sind die kleineren Spitzkerzen optimal, wenn es um Kerzenmagie geht. Sie brennen lange genug, um Ihre Wünsche zu manifestieren, und sind gleichzeitig handlich.

Altarkerzen

Diese Kerzen werden nur auf dem Altar platziert und leiten beim Anzünden den Anfang eines Rituals ein. Auch am Ende sind dies die letzten Kerzen, die gelöscht werden, um das Ritual zu beenden. Üblicherweise werden zwei Altarkerzen aufgestellt, um die weibliche und männliche Gottheit darzustellen. Hier kommen wieder die Gegensätze ins Spiel, um ein Gleichgewicht zu schaffen. Sie können Ihre Altarkerzen in einem schlichten Weiß auswählen oder aber auch in Ihrer Lieblingsfarbe. Weiße Kerzen eignen sich dennoch am besten, weil sie universell einsetzbar sind und Ihr Ritual nicht stören. Wenn Sie möchten, können Sie Ihre Altarkerzen auch mit magischen Symbolen verzieren oder diese mit passender Deko, wie zum Beispiel Blumen, Kerzenständern sowie Kristallen, besonders gut zur Geltung bringen. Achten Sie darauf, dass Ihre Altarkerzen immer größer sind als Ihre Ritualkerzen. Große Stumpenkerzen besitzen eine lange Brenndauer und können dann mehrmals für Ihre Zeremonien verwendet werden.

Opferkerzen

Als Opferkerzen bezeichnet man im Grunde alle Ritualkerzen, die Sie während Ihres Zaubers benötigen. Diese Kerzen nutzen Sie nicht nur als Verstärker für Ihre Wünsche, sondern können beispielsweise auch als Opfergabe für Gottheiten und Wesenheiten dienen. Die Farbe, Größe und auch Art der Kerze sind dabei entscheidend dafür, ob ein Ritual gelingt. Im christlichen Glauben werden Opferkerzen als Zeichen des Gebets genutzt und besitzen meist eine kurze Brenndauer. Auch bei Ihren Ritualen sollten die Kerzen an die Dauer des Rituals angepasst werden.

Personenkerzen

Personenkerzen werden auf die Person zugeschnitten, um die es in Ihrem Ritual gehen soll. Dabei müssen Sie bestimmte Merkmale der Person repräsentieren. Meistens wird das Geburtsdatum, das Sternzeichen oder die Lieblingsfarbe der Person genutzt. Die Personenmerkmale können in die Kerze hineingeritzt werden oder aber Sie richten sich anhand des Sternzeichens nach der Farbauswahl. Sind Ihnen die Merkmale der Person nicht bekannt, können Sie alternativ auf weiße Kerzen zurückgreifen, da diese aufgrund ihrer Neutralität immer eine sichere Wahl sind.

INDIVIDUELLE MAGISCHE KERZEN

Im Handel gibt es für allerlei magische Zwecke die unterschiedlichsten Variationen an Kerzen zu kaufen. Mehrfarbige Kerzen, Stumpen-Kerzen, Figuren-Kerzen oder sogar energetisch aufgeladene Kerzen. Mittlerweile ist die Auswahl so riesig, dass man schnell den Überblick verlieren kann. Leider gibt es auch viele Kerzen zu kaufen, die bedenkliche Inhaltsstoffe besitzen oder nicht komplett durchgefärbt sind. Meistens sieht man dies den Kerzen nicht an oder merkt dies erst, wenn man die Kerze anzündet. Ein chemischer Geruch während eines Rituals ist sehr ärgerlich und noch dazu gesundheitsschädlich. Magische Kerzen werden laut Herstellern bereits mit Energien aufgeladen und sind direkt einsatzbereit. Man sollte sich jedoch überlegen, ob man fremde Energien wirklich in den eigenen Kerzen haben möchte. Schließlich geht es bei der Kerzenmagie um die eigene Intention und nicht um die Intention eines Kerzenherstellers. Daher werden Kerzen auch gerne selbst hergestellt. Damit ist jedoch nicht das Recyclen von alten Kerzen gemeint, denn dabei würde man auch nur alte Energien in die Kerzen hineinbringen. Recycelte Kerzen sind deshalb nur etwas für den Hausgebrauch.

Selbstgemachte Kerzen haben den Vorteil, dass Sie diese nach Ihren eigenen Vorstellungen herstellen können. Das bedeutet, schon bei der Herstellung können Sie Ihre Wünsche und Intentionen miteinfließen lassen. Das Aussehen, den Rohstoff und auch den Duft der Kerzen bestimmen Sie selbst. Natürlich ist der persönliche Faktor das größte Argument für die eigene Kerzenherstellung. Magie ist individuell – und dabei helfen selbstgemachte Kerzen besonders gut. Ihre eigenen Energien werden verstärkt und Sie können sich sicher sein, dass keine negativen fremden Energien darin festsitzen.

Herstellung

Für das Herstellen magischer Kerzen benötigen Sie ein bestimmtes Equipment, das Sie online schon recht günstig erwerben können. Sie müssen sich vorab jedoch festlegen, welche Methode zur Kerzenherstellung für Sie infrage kommt. Beim Kerzenziehen werden längere Dochte mehrmals in das heiße Wachs eingetaucht, sodass sich durch die Schichten langsam Spitzkerzen bilden. Diese Methode ist sehr aufwändig und zeitintensiv, bringt allerdings auch wunderschöne Kerzen hervor. Das Kerzengießen ist eine beliebte Methode, um Stumpen-Kerzen oder sogar Motiv-Kerzen herzustellen. Außerdem ist diese Methode recht simpel und noch dazu gibt es im Handel viele schöne Formen, in die Sie das Wachs hineingießen können. Eine weitere Möglichkeit, Kerzen herzustellen, ist das Rollen von Bienenwachsplatten. Der Vorteil dabei ist, dass es schnell geht. Noch dazu müssen Sie nicht mit flüssigem, heißem Wachs hantieren. Der Nachteil ist jedoch, dass die Wachsplatten bereits gegossen wurden und Sie diese nicht mehr so intensiv mit Ihrer eigenen Energie aufladen können. Für welche Methode Sie sich auch entscheiden, wichtig ist, dass Sie bei der Kerzenherstellung sorgfältig arbeiten. Nicht nur die Magie käme sonst zu kurz, Ihre Kerzen würden daneben auch ein mangelhaftes Brennverhalten aufweisen. Nachfolgend wird die Variante des Kerzengießens vorgestellt, da diese viele Möglichkeiten beim Kerzendesign bietet.

Anleitung zum Kerzengießen

Material:

-Wachsrohstoff (Bienenwachs, Sojawachs, Stearinwachs oder Paraffinwachs)
-Gießformen
-Schmelzgefäß
-Ein flacher Kochtopf
-Thermometer
-Dochte und Haltevorrichtungen (alternativ Holzstäbchen)
-Wachsfarben
-Zutaten zum Verfeinern wie Kräuter, Edelsteine oder ätherische Öle

Vorgehensweise:

1) Erhitzen Sie einen Topf mit Wasser und hängen Sie das Schmelzgefäß hinein. Geben Sie das Wachs in das Schmelzgefäß. Dabei können Sie beobachten, wie sich das Wachs langsam verflüssigt. Schmelzen Sie das Wachs niemals pur im Topf, da sich dieses sonst entzünden könnte. Nutzen Sie stets das Wasserbad für Ihre Kerzenherstellung! Mithilfe des Thermometers überprüfen Sie regelmäßig die Temperatur des Wachses. Sie sollten 50 bis 65°C nicht überschreiten, es sei denn, der Hersteller gibt etwas anderes an.

2) Wenn sich das Wachs komplett verflüssigt hat, nehmen Sie das Schmelzgefäß aus dem Topf heraus, damit das Wachs nicht weiter erhitzt wird. Stellen Sie den Schmelzbehälter auf eine feuerfeste Unterlage oder hängen diesen in einen leeren Topf. Sie brauchen sich keine Sorgen zu machen, das Wachs bleibt noch lange heiß und erstarrt nicht sofort, wenn Sie es herausholen.

3) Schneiden Sie den Docht auf die gewünschte Länge Ihres Gießgefäßes zu und befestigen Sie diesen mithilfe eines Knotens an einem Holzstäbchen oder an speziellen Haltevorrichtungen für Kerzen. Es gibt mittlerweile fertige Dochte zu kaufen, bei denen Klebeplättchen mitgeliefert werden, diese sorgen zusätzlich für Stabilität. (Diesen Punkt können Sie auch ganz am Anfang schon erledigen, um Zeit zu sparen.)

4) Sie können nun mit dem Verfeinern Ihres Wachses beginnen. Fügen Sie Wachsfarben oder Kräuter hinzu und rühren Sie das Wachs gut durch. Gießen Sie es dann anschließend langsam in die Form.

5) Neben der Farbe können Sie auch die Beschaffenheit der Kerze bestimmen. Mit heißem Wachs erhalten Sie eine glatte und mit kühlerem Wachs bildet sich eine matte rustikale Oberfläche. Wenn Sie bunte Kerzen gießen möchten, müssen Sie das Wachs in mehreren Farbschichten gießen. Einfarbige Kerzen gießen Sie in einem Arbeitsvorgang.

6) Lassen Sie die Kerze auskühlen. Je nach Größe kann dieser Vorgang zwischen vier bis zehn Stunden liegen. Kürzen Sie den Docht und lösen Sie die Kerze aus der Form. Der Docht sollte sicherheitshalber nicht länger als 1 cm sein, da die Flamme sonst zu groß wird. Haben Sie eine Gießform benutzt, bei der Sie den Docht noch hineinschieben müssen, kann Ihnen ein Holzspieß dabei behilflich sein, um den Kanal des Dochtes frei zustechen.

7) Zum Schluss können Sie Ihre Kerze noch nach Wunsch verzieren.

Weitere Tipps zur Herstellung von magischen Kerzen

- Legen Sie fest, welchen Zweck die Kerzen erfüllen sollen. Legen Sie sich dazu alle Utensilien bereit, die Sie dazu brauchen, damit Sie während dem Schmelzen nicht unter Stress geraten.

- Während der Kerzenherstellung können Sie gedanklich Ihre Energie in die Kerze hineinfließen lassen. Überlegen Sie sich dazu einen passenden Spruch (Beispiele finden Sie im Kapitel ‚Kerzenzauber' oder ‚Entfalten Sie Ihr Potenzial mit Kerzenmagie')), der Ihr Anliegen perfekt transportiert. Sprechen Sie diesen mehrfach während der Herstellung aus und fokussieren Sie sich ganz auf Ihr Vorhaben.

- Versehen Sie Ihre Kerze mit besonderen Zutaten. Die Möglichkeiten sind nahezu unbegrenzt. Sie können Kräuter, Edelsteine, Gewürze, ätherische Öle oder auch Blüten hinzufügen. Übertreiben Sie jedoch nicht mit Ihren Zutaten, denn Ihre Kerze sollte noch vernünftig abbrennen können. Achten Sie unbedingt darauf, dass Sie Ihre Zutaten erst nach dem Schmelzvorgang hinzugeben. Ätherische Öle verlieren beispielsweise ihren Duft, wenn sie zu lange im Wachs erhitzt werden. Aus diesem Grund sollten Sie warten, bis das Wachs die richtige Gießtemperatur erreicht hat, bevor Sie mit dem Verfeinern beginnen.

- Achten Sie bei der Kerzenherstellung unbedingt auf die Angaben des Wachsherstellers. Paraffinwachs hat zum Beispiel eine andere Gießtemperatur als Sojawachs. Nur, wenn Sie sich an die Vorgaben halten, werden Ihre Kerzen gelingen.

- Sind Ihre Kerzen ausgehärtet, können Sie diese mit ätherischen Ölen salben. Zusätzlich können Sie Ihre Kerzen auch mit Weihwasser segnen, bemalen, in bestimmte Formen schneiden, Symbole hinein ritzen oder mit Wachs verzieren. Auch hier ist Ihrer Kreativität keine Grenzen gesetzt.

KERZENFARBEN

Farben werden in der Magie eine starke Bedeutung beigemessen. Die Farben Ihrer Kerzen sollten deshalb an Ihr Ritual angepasst werden, um zu gewährleisten, dass Sie die größtmögliche Wirkung erzielen können. Die Farben der Kerzen stehen für gewisse Eigenschaften, Elemente oder auch Absichten. Nutzen Sie die falsche Farbe, kann es passieren, dass Ihr Ritual entweder gar nicht funktioniert oder Sie genau das Gegenteil Ihres Wunsches erzielen. Prüfen Sie deswegen Ihre Farbkorrespondenzen genau und bereiten Sie sich vor jedem Ritual gut vor.

Weiß

Die Farbe Weiß steht grundsätzlich für positive Energie und verschafft Klarheit, spirituelles Wachstum, Heilung sowie Frieden. Weiße Kerzen symbolisieren außerdem Reinheit, Neubeginn und Neutralität. Wenn Ihnen eine passende Kerzenfarbe für ein Ritual fehlt, können Sie diese Farbe immer mit einer weißen Kerze ersetzen. Weiße Kerzen stehen immer für Ausgewogenheit, da die Farbe Weiß das Farbspektrum aller Farben enthält. Somit können Sie all Ihre Rituale anfangs mit weißen Kerzen durchführen, wenn Sie sich keine große Farbauswahl an Kerzen kaufen möchten.

Passendes Sternzeichen:	alle
Planet:	alle
Wochentage:	alle

Schwarz

Auch, wenn schwarze Kerzen einen negativen Ruf besitzen und stets mit schwarzer Magie in Verbindung gebracht werden, hat die Farbe Schwarz dennoch eine positive Bedeutung. So steht das Schwarz für Schutz, das Heilen von Krankheiten, Bannung negativer Energien und Veränderung negativer Lebensumstände. Allerdings können schwarze Kerzen auch gegenteilig verwendet werden und Bestandteil schwarz-magischer Rituale sein. Schwarze Magie kann durch schwarze Kerzen unterstützt, aber gleichzeitig auch wieder aufgelöst werden. Typische Verwendungen für die Farbe Schwarz in der Magie sind Chaosmagie, Flüche, Bannzauber, Schutzzauber und Bindungszauber.

Passendes Sternzeichen:	Skorpion
Planet:	Saturn
Wochentage:	Samstag

Rot

Die Farbe Rot wird mit Leidenschaft, Stärke, Energie, Mut und auch Charisma assoziiert. Sie eignet sich besonders gut für Liebeszauber jeglicher Art und auch für Zauber, bei denen Sie Ruhm und Siege anziehen möchten. Zudem fördert Rot das Selbstbewusstsein und kann für Rituale angewendet werden, bei denen es um Macht und beruflichen Erfolg geht. Rot kann jedoch auch für Wut, Rache, Pessimismus und Aggressivität stehen. Außerdem verkörpert die Farbe Rot das Element Feuer und wird der Himmelsrichtung Süden zugeordnet. Kombinieren Sie eine rote und eine schwarze Kerze, wenn Sie schwarze Magie an den Verursacher zurückschicken möchten.

Passendes Sternzeichen:	Widder
Planet:	Mars
Wochentage:	Dienstag

Gelb

Möchten Sie mit Göttern und Wesenheiten in Kontakt treten, eignet sich die Farbe Gelb besonders gut. Sie öffnet alle Kommunikationswege und hilft Ihnen dabei, Ihre spirituelle Energie freizusetzen. Bei Meditationen sind gelbe Kerzen hilfreich, damit Sie Ihre Konzentration und Ihre Vorstellungskraft verbessern können. Die Farbe Gelb steht ebenso für Intuition, Intelligenz, Gelassenheit, Kreativität und Erfolg in allen Lernphasen. Sie wird mit der Sonne in Verbindung gebracht und schenkt jederzeit Licht und Wärme. Gelb symbolisiert das Element Luft, den Frühling und die Himmelsrichtung Osten. Benutzen Sie gelbe Kerzen, wenn Sie das Vertrauen anderer Menschen gewinnen möchten oder deren Überzeugung zum Ziel haben.

Passendes Sternzeichen:	Löwe
Planet:	Sonne
Wochentage:	Sonntag

Grün

Geldzauber werden am besten mit grünen Kerzen durchgeführt, weil die Farbe Grün für finanziellen Erfolg steht. Deshalb wirken alle Zauber, die mit Finanzen und Glück zu tun haben, mit grünen Kerzen besonders gut. Außerdem wird mit Grün die Natur, Wachstum, Gesundheit, Fruchtbarkeit und auch die Heilung der Psyche assoziiert. Grün vertritt das Element Erde und steht für die Himmelsrichtung Norden. In der Magie kann Grün aber auch dafür verwendet werden, Eifersucht herbeizuzaubern sowie diese zu bannen.

Passendes Sternzeichen:	Stier und Jungfrau
Planet:	Venus und Merkur
Wochentage:	Mittwoch, Donnerstag, Freitag

Blau

Mit Blau assoziieren wir natürlich die Elemente Wasser und Luft. Blaue Kerzen kommen am besten zum Einsatz, wenn Sie Rituale anwenden möchten, die Frieden, Harmonie, Vergebung, Bewusstsein, Geduld und Gerechtigkeit zum Ziel haben. Dabei können hellblaue Kerzen wiederum auch positiven Einfluss auf die menschliche Psyche haben sowie Wahrheiten ans Licht bringen. Blau wird zudem für eine bessere Organisation, Loyalität und auch Heiterkeit genutzt. Jedoch ist sie auch die Farbe der Manipulation, der Trauer sowie der Angst.

Passendes Sternzeichen:	Zwillinge, Wassermann, Fische
Planet:	Merkur, Uranus, Neptun
Wochentage:	Mittwoch, Montag

Rosa

Bei Liebeszaubern haben rosa Kerzen eine sehr starke Wirkung. Die Farbe Rosa steht in der Magie für Sensibilität, Schönheit, Sinnlichkeit, Respekt, Versöhnung und Attraktivität. Jeder Zauber, der etwas Positives anziehen soll, kann also mit rosa Kerzen gelingen. Zudem ist rosa perfekt geeignet für Schutzzauber, die Kinder betreffen, Freundschaftszauber und jegliche Magie, die sowohl Romantik als auch Sexualität beinhaltet. Nutzen Sie hellrosa Kerzen für Ihre Meditation, um sich mehr auf Ihre Selbstliebe zu konzentrieren, und pinkfarbene Kerzen für längerfristige Beziehungen.

Passendes Sternzeichen:	Stier
Planet:	Venus
Wochentage:	Freitag

Lila

Wenn Sie die Farbe Lila in Ihre Rituale einfließen lassen, werden Sie sofort mehr Energie verspüren, denn Lila steht für Kraft, Ehrgeiz, Erfolg und psychische Stärke. Außerdem wird die Farbe mit Idealismus, Unabhängigkeit, Macht und spiritueller Reinigung in Verbindung gebracht. Lila war die Farbe der Könige und suggerierte Weisheit und Autorität. Möchten Sie eine Verbindung zur spirituellen Welt herstellen, sich der Wahrsagerei bedienen oder Ihre medialen Fähigkeiten verstärken, kann Ihnen die Farbe Lila dabei helfen. Zudem reduziert sie Stress und lässt Sie Ihren Fokus wiederfinden. Möchten Sie sich durch ein Ritual mehr Respekt bei Ihren Mitmenschen verschaffen, dann greifen Sie auf hellllila Kerzen zurück.

Passendes Sternzeichen:	Schütze, Fische
Planet:	Jupiter, Neptun
Wochentage:	Donnerstag

Orange

Sie können die Farbe Orange für Zaubersprüche nutzen, die mit Individualität, Kreativität, Karriere und Erfolg zu tun haben. Wenn Sie zum Beispiel keine Energie mehr verspüren, können Ihnen orangefarbene Kerzen bei Ihrem Ritual die nötige Kraft zurückgeben. Orange ist eine echte Powerfarbe und sorgt dafür, dass Bewegung in Ihr Leben kommt und Sie nicht auf der Stelle treten. Orange wirkt belebend und verhilft Ihnen zu mehr Begeisterung und Zufriedenheit. Die Farbe Orange wird mit Glück verbunden und sorgt für Optimismus und gute Laune. Gleichzeitig steht sie auch für Mitleid und kann in Ritualen genutzt werden, um Traurigkeit und Selbstmitleid zu bekämpfen.

Passendes Sternzeichen:	Waage
Planet:	Venus
Wochentage:	Dienstag oder Mittwoch

Braun

Braun ist die Farbe der Erde und stellt eine Verbindung zur Natur her. Sie steht außerdem für Stabilität, Tiere, Gleichgewicht, Vertrauen, Familie und Materielles. Sie können braune Kerzen nutzen, wenn Sie sich erden, verlorene Dinge wiederfinden oder sich um Ihren Hausschutz kümmern möchten. Noch dazu ist die Farbe Braun hervorragend geeignet für die Kommunikation mit Naturwesen und der dreifaltigen Göttin. Braun sollten Sie auch nutzen, wenn Sie Fruchtbarkeitsrituale durchführen oder der Natur ein Opfer darbieten möchten.

Passendes Sternzeichen:	Steinbock
Planet:	Erde
Wochentage:	Samstag

Silber

Silber wird einerseits genutzt, um Feenmagie zu betreiben, aber auch, um sich mit der Mondgöttin zu verbinden. Die Farbe steht hier für Weiblichkeit und symbolisiert die Energie des Mondes. Außerdem wird Silber mit medialen Fähigkeiten, der Traumwelt, Heilung und Zukunftsvisionen assoziiert. Möchten Sie negative Energien beseitigen, greifen Sie auf silberne Kerzen zurück.

Passendes Sternzeichen:	Krebs
Planet:	Mond
Wochentage:	Montag

Gold

Die Farbe Gold steht für Männlichkeit und repräsentiert den gehörnten Gott und die Sonne. Gold kann für magische Rituale genutzt werden, die Ihre Willenskraft und Ihr Durchhaltevermögen steigern sollen. Zusätzlich wird die Farbe mit Reichtum, Geld und Kommunikation in Verbindung gebracht. Wenn Sie also eine Streitigkeit aus der Welt schaffen möchten, können Sie mit den solaren Energien goldener Kerzen jedes Problem lösen. Bei jeder männlichen Gottheit, die Sie anrufen möchten, können Sie goldene Kerzen nutzen.

Passendes Sternzeichen:	Löwe
Planet:	Sonne
Wochentage:	Sonntag

BESONDERHEITEN IN DER KERZENMAGIE

Neben der Kerzenfarbe können Sie noch weitere Aspekte in Ihre Kerzenmagie einfließen lassen. So mag manche Hexe ihre Kerzen mit mystischen Symbolen verzieren, die andere wiederum versetzt das Wachs mit magischen Kräutern oder ätherischen Ölen. Auch die Verwendung des Wachses kann dabei unterschiedlich ausfallen. Daraus können Figuren geformt werden oder das Wachs dient als Siegel für Wunschbriefe oder Ähnliches. Farblich passende Kristalle werden auch gerne genutzt, um Absichten zu verdeutlichen und die Kerzenmagie zu unterstützen. Erlaubt ist, was Ihnen nützt und wobei Sie sich wohlfühlen – vorausgesetzt, Sie schaden mit Ihrem Zauber niemandem. Nachfolgend gebe ich Ihnen noch ein paar Anregungen, wie Sie mit Ihren Kerzen eine noch bessere Wirkung erzielen.

Symbole

In der Welt der Magie gibt es eine Vielzahl an Symbolen und magischen Zeichen, die bei Ihren Ritualen verstärkend wirken können. Nicht nur Namen und Wünsche, auf Kerzen platziert, setzen starke Energien frei, sondern auch individuelle Symbole oder Symbole von Göttern, Sternzeichen und Elementen. Diese können Sie in Ihre Kerzen ritzen und damit eine wundervolle Verbindung zum Universum schaffen. Dabei sollten Sie allerdings auch die genaue Bedeutung der Symbole kennen, damit Sie geeignete Ritualgegenstände, Dekorationen oder Räucherwerke wählen können. Achten Sie darauf, dass Sie beispielsweise zu den Sternzeichen die passenden Kerzenfarben wählen oder bei der Arbeit mit Gottheiten auf deren Geschlecht achten. Es wäre doch schade, wenn Ihr Ritual scheitert, weil Ihre Symbole auf Weiblichkeit ausgelegt sind, Sie aber eigentlich eine männliche Gottheit anrufen wollten. Wenn Sie die Symbole der

Elemente nutzen, sollten Sie möglichst das Element einbeziehen. Bei Wasser stellen Sie ein Schüsselchen Wasser auf Ihren Altar, bei Erde legen Sie Steine bereit usw. Haben Sie individuelle Symbole erstellt, sollten Sie diesen ebenfalls das passende Ritual zuordnen. Glückssymbole sollten nicht für Liebesrituale eingesetzt werden oder Liebessymbole für Geldzauber. Der Zweck des Symbols sollte deshalb genau auf Ihr Vorhaben zugeschnitten sein. Manche Symbole dienen auch zum Schutz und müssen zwingend in Rituale eingebunden werden – etwa, wenn Sie mit Geistern oder Verstorbenen in Kontakt treten möchten. Sie können bestimmte Symbole auch als Glücksbringer nutzen und diese mit positiver Energie aufladen, indem Sie Ihr Symbol nach einem abgeschlossenen Ritual stets bei sich tragen. Im Folgenden erkläre ich Ihnen die fünf typischsten Symbole der Magie.

Das Pentagramm / Pentakel

Mit seinen fünf Spitzen stellt das Pentagramm – auch Drudenfuß genannt, die fünf magischen Elemente Erde, Feuer, Wasser, Luft und Äther (Geist) dar. Wird das Pentagramm mit einem Kreis dargestellt, spricht man von einem Pentakel. Der Kreis soll die Wirkung des Pentagramms noch einmal verstärken. Als Bannsymbol und zum Schutz vor bösen Mächten wurde das Pentagramm häufig auf die Haustür oder auf Gegenstände gemalt. Wenn Sie ein Pentagramm zeichnen möchten, ist es wichtig, dass Sie dieses in einem Zug durchzeichnen und nicht absetzen, sonst verliert es an Kraft.

Die dreifaltige Göttin

Dieses Symbol setzt sich aus den Mondphasen zusammen und steht für die drei Lebensabschnitte Geburt, Leben und Tod. Die dreifaltige Göttin zeigt sich als junges Mädchen, als gestandene Frau und als weise Greisin. Das Symbol stellt den zunehmenden Mond, den Vollmond und den abnehmenden Mond dar. Außerdem ist es ein Zeichen der Weiblichkeit und wird gern für alle Rituale genutzt, die die weibliche Kraft benötigen, Mondrituale, Heilungs- und Reinigungsrituale zum Beispiel. Sehr oft befindet sich im Vollmond des Symbols noch ein Pentagramm oder eine Triskele.

Der gehörnte Gott

Als männliches Pendant zur dreifaltigen Göttin steht das Symbol des gehörnten Gottes für die Männlichkeit. Es setzt sich aus einem Kreis und einem Mond, welcher auf dem Kreis liegt und mit den Spitzen nach oben zeigt, zusammen. Als Schutzsymbol wird es immer dann genutzt, wenn männliche Energie verkörpert werden soll. Sie können das Symbol für Fruchtbarkeits- und Schutzrituale nutzen.

Die Triskele

Drei spiralförmige Arme laufen in der Mitte des Symbols zusammen und besitzen mehrere Bedeutungen. Dabei kommt immer wieder die Zahl 3 ins Spiel. So kann das Symbol stehen für:

- ❖ Familie (Vater, Mutter und Kind)
- ❖ das Zusammenspiel der Magie mit Geist, Seele und Körper
- ❖ die dreifaltige Göttin (als Jungfrau, Mutter und Greisin)
- ❖ Lebensabschnitte (Geburt, Leben und Tod)
- ❖ Zeitabschnitte (Vergangenheit, Gegenwart und Zukunft)
- ❖ die Verbindung des Universums (Erde, Kosmos, Mensch)
- ❖ Licht, Dunkelheit und Schatten

Die Triskele ist ein harmonisches Zeichen, bei dem Sie selbst wählen können, in welchen Bezug Sie dieses setzen möchten. In jedem Fall spiegelt sie Balance und Verbundenheit wider.

Die Triquetra

Als dreifacher keltischer Knoten ist die Triquetra bekannt. Sie besitzt auch drei unterschiedliche Bedeutungen. Im keltischen Glauben verkörpert die Triquetra die Elemente Wasser, Erde und Luft und ist weiblich. Auch wird sie von Hexen mit der dreifaltigen Göttin in Verbindung gebracht und besitzt, wie die Triskele, die Bedeutung der Dreisamkeit. Im christlichen Glauben wird die Triquetra interessanterweise als männlich dargestellt.

Runen

Natürlich können Sie Ihre Kerzen auch mit Runen verschönern und dabei auf die verschiedenen Bedeutungen der Symbole zurückgreifen. Runen waren einst die Schriftzeichen der alten Germanen und wurden auf Gegenstände geritzt, als Glücksbringer bei sich getragen sowie als Orakel genutzt. Schrift galt als Geschenk der Götter und wurde daher als magisch angesehen. Das älteste Runenalphabet ist das Futhark mit 24 Zeichen. Jede Rune hat eine ganz eigene Bedeutung. Es gibt aber auch Hexenrunen, die wiederum ganz andere Symbole und Bedeutungen aufweisen. Meistens sind dies Symbole wie Mond, Sterne, Auge usw. Welche Runensymbole Sie nutzen möchten, bleibt Ihnen und Ihren Absichten überlassen. Beschäftigen Sie sich deshalb ausgiebig mit deren Bedeutungen, damit Sie die Runen auf Ihre Rituale anpassen können.

Siegel

Siegel werden in der Kerzenmagie als Verbindung zu Geistern und Göttern genutzt. Bei manchen Ritualen sind Sie auf göttliche Kräfte angewiesen oder benötigen übernatürlichen Beistand. Dann ist es sinnvoll, das passende Siegel auszuwählen, welches Sie direkt in die Kerze ritzen oder während eines Rituals unter Ihre Kerze stellen können. Selbstverständlich können Sie auch für Ihre Ahnen ganz persönliche Siegel erstellen, um diese zu ehren.

Weitere Besonderheiten

Sie können für Ihre Kerzenrituale auch persönliche Gegenstände nutzen, die für Sie eine ganz besondere Bedeutung haben. Eine Kette Ihrer Mutter, das Bild Ihrer Großeltern, das Parfum Ihres Vaters: All dies sind Gegenstände, die ganz starke Energien aufweisen und die Sie hervorragend nutzen können. Oder vielleicht fühlen Sie sich mit einer Gottheit sehr verbunden und möchten diese als Statue mit in Ihre Rituale einbeziehen. Wenn es Pflanzen gibt, die Ihnen neue Kraft schenken, nehmen Sie diese unbedingt zu Ihren magischen Handlungen dazu. Die Wirksamkeit Ihrer Rituale kommt immer auf den Wert an, den Sie einer Sache und Ihren Gedanken zuschreiben. Sie können sich hierbei frei entfalten und Ihre ganz individuellen Rituale erschaffen.

Kerzenzauber

Von Wünschen & Manifestation

In diesem Kapitel befassen wir uns mit den Grundlagen der Kerzenmagie. Sie werden lernen, wie ein Ritual aufgebaut ist und was es währenddessen alles zu beachten gilt. Wenn Sie sich noch nicht mit Visualisierungen und Manifestationen auskennen, ist das überhaupt nicht schlimm. Im Laufe der Rituale werden Sie darin geübter und schließlich Ihre eigenen Routinen entwickeln. Magie will gelernt sein und kann nicht von heute auf morgen perfektioniert werden. Sie benötigen viel Geduld und Erfahrung und sollten sich selbst nicht unter Druck setzen, sonst blockieren Sie sich und das wiederum ist hinderlich für Ihr magisches Vorhaben.

Ein kleiner Tipp vorab für Sie: Auch wenn Sie zahlreiche Wünsche haben, die Sie am liebsten sofort angehen möchten, ist es keine gute Idee, wenn Sie überstürzt handeln. Ihre Magie wird sonst chaotisch und unübersichtlich. Nehmen Sie sich deshalb einen Wunsch nach dem anderen vor. Sie brauchen bei den Ritualen Ihre volle Konzentration, wenn Sie etwas erreichen möchten. Das können Sie nur bewirken, wenn Sie lernen, sich zu fokussieren.

DIE KRAFT DES FEUERS: ENERGIEN AUFBAUEN & LENKEN

Wichtig in der Magie ist der Umgang mit vorhandenen Energien und wie Sie diese für sich nutzen können. Energie ist überall vorhanden, in jedem Menschen, Tier, Gegenstand und auch um Sie herum. Damit Sie Energien erkennen, müssen Sie Ihre feinstoffliche Wahrnehmung trainieren und lernen, Ihre Konzentration zu stärken. Gerade wenn Sie mit Feuer bzw. mit Kerzen arbeiten, werden sehr viele Energien freigesetzt, die nur darauf warten, effektiv eingesetzt zu werden. Hierbei müssen Sie herausfinden, wie Sie die Energien verstärken und nach Ihren Vorstellungen lenken können. Stellen Sie sich die Kräfte, die um Sie herum wirken, wie kleine Blitze vor, die Sie durch bestimmte Handlungen und Zaubersprüche einfangen und in die gewünschte Richtung schicken. Auch Sie sind von einer starken Kraft, Ihrer Aura, umgeben. Diese Aura können Sie auf Ihre Kerze übertragen und so deren Energie maximieren. Damit das Feuer der Kerze auf seinen energetischen Höhepunkt gelangt, habe ich für Sie ein paar Tipps:

Zentrieren

Zuerst sollten Sie sich Ihrer eigenen Energie bewusst werden und diese auch zu spüren lernen. Dazu brauchen Sie einen ruhigen Platz, an dem Sie ungestört sind. Sie sollten möglichst keine Geräusche oder andere Störfaktoren wahrnehmen und sich gut auf sich selbst konzentrieren können. Wenn Sie nun die Augen schließen, versuchen Sie, die Energie in Ihrem Körper zu entdecken, und atmen Sie ganz ruhig ein und aus. Bei mir ist es so, dass ich meine Energie als orangefarbenes Feuer wahrnehme, welches nie erlischt. Vielleicht erleben Sie ja eine ganz andere Energie, die Sie umhüllt. Es kann sein, dass Ihre Energie einem Nebel gleicht oder Sie diese als glühendes Licht wahrnehmen. Dazu müssen Sie in sich hineinhorchen und auf Ihr Gefühl achten. Haben Sie Ihre Energie vor Augen, können Sie versuchen, sie in Ihrer Körpermitte zu bündeln. Meine Energie verwandelt sich beispielsweise in einen Feuerball, der sich in der Nähe meines Herzens befindet. Dies mag gleichzeitig auch ein Zeichen für mein Temperament und meine unbändige Leidenschaft in allen Lebenslagen sein. Auf jeden Fall repräsentiert mich das Feuer sehr gut und ich liebe die Vorstellung, dass ich bei meinen Ritualen dieses Feuer auf die Kerze übertrage. Auch Sie werden herausfinden, wie Ihre persönliche Energie aussieht. Sie können die Übung des Zentrierens vor jedem Ritual durchführen und so Ihre magischen Kräfte auf Ihr Vorhaben vorbereiten. Dabei sammeln Sie Ihre Energien, um sie anschließend dorthin zu lenken, wo Sie diese benötigen.

Energien lenken

Sind Sie schon etwas vertrauter mit Ihren magischen Fähigkeiten, können Sie nun einen Schritt weitergehen. War das Zentrieren erfolgreich, müssen Sie lernen, wie Sie die Energien in einen Ihrer Körperteile oder in einen Gegenstand lenken können. Diese Übung ist schon etwas schwieriger und wird wahrscheinlich nicht beim ersten Mal funktionieren. Schließen Sie wieder die Augen und zentrieren Sie Ihre Kräfte in Ihre Körpermitte. Legen Sie den Fokus auf einen ganz bestimmten Körperteil, wie zum Beispiel Ihre Hand. Stellen Sie sich vor, wie die Energie von Ihrer Mitte aus in Ihre Hand fließt. Wenn ein warmes Gefühl oder ein Kribbeln in Ihrer Hand entsteht, waren Sie erfolgreich. Üben Sie weiter und lenken Sie die Energien in andere Körperteile, bis es Ihnen immer leichter fällt. Konzentrieren Sie sich dann auf eine Kerze und senden Sie Ihre Kraft weiter. Heben Sie dazu Ihre Hände in Richtung der Kerze und stellen Sie sich vor, wie Ihre Energie aus Ihren Händen in die Kerze hineinfließt. Sorgen Sie auch immer dafür, dass Ihre Energien wieder zurückfließen, sonst könnte es passieren, dass Sie sich erschöpft fühlen. Das können Sie mit einer kurzen Meditation erreichen, die Ihnen wieder neue Kraft schenkt und Ihre Gedanken befreit.

WÜNSCHEN & VISUALISIERUNGEN

Ihr Unterbewusstsein besitzt die große Macht, die Realität so zu formen, wie Sie es sich wünschen. Sie haben die Möglichkeit, sich in Gedanken eine eigene Welt zu erschaffen, indem Sie Bilder, Ereignisse oder Gegenstände vor Ihrem geistigen Auge lebendig werden lassen. Diese Fähigkeit ist in der Magie von großer Bedeutung. Jede Szene, die Sie sich vorstellen, kann irgendwann so intensiv erlebt werden, dass Sie mit allen Sinnesorganen daran beteiligt sind. Plötzlich schmecken Sie die Zitrone, riechen die roten Rosen und hören das Gezwitscher der Vögel ganz deutlich, weil Sie ganz tief in diese Welt eintauchen.

Visualisierung bedeutet aber nicht, sich in eine Fantasiewelt zu begeben und dort zu verweilen. Vielmehr wird die Visualisierung als Hilfsmittel für das Erreichen von Zielen eingesetzt und kann sogar Auswirkungen auf Ihr gesamtes Handeln haben. Denken Sie nur an die Tage, an denen Sie sich morgens ausmalen, wie der Tag verlaufen wird. Haben Sie dabei negative Vorstellungen, werden Sie automatisch Negativität anziehen. Sie visualisieren Ihren Tag und bauen Ihre Handlungen darauf auf. Die Konsequenzen Ihres Handelns sind dann im Prinzip das Produkt Ihrer Vorstellungskraft. In der Magie funktioniert das genauso. Möchten Sie Positives anziehen, müssen Sie auch positive Energien visualisieren. Damit das klappt, müssen Sie Ihre innere Vorstellungskraft trainieren.

Mithilfe der Visualisierung ist es möglich, Energien zu zentrieren, klare Ziele zu formulieren, mächtige Kraftfelder zu erzeugen sowie Ihre Handlungen zu planen. Außerdem wird die Verbindung zu bestimmten Energien wie Gottheiten oder den Elementen verstärkt. Es ist ganz wichtig, dass Sie bei Ihren Ritualen die Kunst des Visualisierens erlernen, denn Sie legen dabei fest, wohin die Energien überhaupt fließen sollen. Würden Sie dies nicht tun und sich einfach nur etwas wünschen, kann es bei der Kommunikation zwischen Ihnen und dem Universum Schwierigkeiten geben. Nicht alle Informationen würden ausgesendet werden, was letztendlich ein falsches Ergebnis hervorrufen würde.

Schauen wir uns hierfür das Beispiel eines Schutzkreises an. Der Schutzkreis soll Sie entweder während eines Rituals oder auch im alltäglichen Leben vor negativen Energien beschützen. Er ist wie eine Wand, an der alles Negative abprallt und nicht an Sie herankommt. Gleichzeitig schützt er auch Ihre magischen Kräfte und lässt nicht zu, dass diese von anderen Menschen oder Geistern gestohlen werden können. Dieses Bild eines Schutzkreises müssen Sie im Kopf zum Leben erwecken, damit dieser auch wirken kann. Stellen Sie sich also vor, Sie ziehen den Schutzkreis, ohne diesen zu visualisieren. Was würde also passieren? Ihre Magie würde durch ungebetene Energien gestört werden oder – schlimmer noch – ganz ausbleiben. Es genügt deshalb nicht, einen Kreis zu ziehen, ohne dass Sie diesem in Gedanken Macht verleihen. Negative Energien hätten freie Bahn und Sie wären vollkommen schutzlos. Je nachdem, welches Ritual Sie ausüben, kann das sogar recht heikel werden. Denn ungebetene Mächte könnten Sie bei Ihrem Vorhaben behindern oder für Chaos sorgen.

Sie sehen also, dass Magie von Visualisierung abhängig ist. Wer nicht an Magie glaubt und Magie in Gedanken formt, wird auch keine Magie ausüben können.

Visualisierung erlernen

Jeder Mensch hat die Gabe, Visualisierung zu erlernen. Der eine kann die Technik schon seit der Kindheit anwenden, indem er seine ausgeprägte Fantasie nutzt, der andere braucht dazu noch etwas Übung. Egal, an welchem Punkt Sie sich befinden, mit regelmäßigen Übungen werden Sie das Visualisieren schnell verinnerlichen. Dazu habe ich drei hilfreiche Übungen für Sie:

1. Setzen Sie sich an einen ruhigen Ort und schließen Sie die Augen. Sprechen Sie mit Ihrem Unterbewusstsein und bitten Sie dieses, Ihnen zu Ihrer jetzigen Situation Bilder zu zeigen. Lassen Sie sich voll und ganz auf Ihre Gefühle ein und hinterfragen Sie Ihre Gedanken dabei nicht. Alle Szenen oder Vorstellungen, die in Ihrem Kopf entstehen, dürfen nun an die Oberfläche kommen. Deren Sinn ist zunächst zweitrangig und Sie brauchen sich auch gar nicht schämen, wenn Ihnen die Bilder in Ihrem Kopf komisch vorkommen. Sie entspringen Ihrem Geist und sind sonst in den Tiefen Ihres Unterbewusstseins vergraben. Betrachten Sie diese Bilder möglichst genau und richten Sie Ihre volle Konzentration auf alle Details. Wiederholen Sie die Übung mehrmals pro Woche für fünf Minuten, damit sich Ihr Gehirn daran gewöhnen kann, Visualisierungen zuzulassen.

2. Nun geht es darum, gezielt Energien zu visualisieren. Sie benötigen wieder einen ruhigen Ort, an dem Sie die Augen schließen können und frei von Störfaktoren sind. Denken Sie daran, dass Sie neue Kraft schöpfen möchten und diese Kraft jetzt in diesem Moment sammeln werden. Stellen Sie sich vor, wie Ihr Körper nun vollkommen leer ist. Mit jedem Atemzug saugen Sie die Energie ein, die wie ein langes Band durch Ihre Nase in Ihren Körper fließt. Dabei stoßen Sie die Leere hinaus und Ihr Körper füllt sich langsam mit Energie. Sehr gut funktioniert das, wenn Sie sich unterschiedliche Farben vorstellen, die Sie einatmen. Am Ende ist Ihr Körper erfüllt von Farben und Sie voller Energie.

3. Nehmen Sie sich einen Gegenstand, den Sie in Gedanken verfestigen möchten. Betrachten Sie diesen Gegenstand von allen Seiten und prägen Sie sich jede Einzelheit ein. Strecken Sie die Hand aus und schließen Sie die Augen. Versuchen Sie jetzt, den Gegenstand gedanklich zu visualisieren. Lassen Sie ihn im Geiste auf Ihrer Hand erscheinen. Greifen Sie auf Ihr Erinnerungsvermögen zurück und lassen Sie dabei keine Details aus. Möchten Sie noch einen Schritt weitergehen, können Sie versuchen, den Gegenstand zu verändern, oder ihn in eine Handlung einbeziehen. Gelingt es Ihnen immer, besser Gegenstände zu visualisieren, können Sie sich an Personen, Szenen oder Ziele herantrauen.

DAS KERZENRITUAL ZUR MANIFESTATION

Nun werde ich Ihnen ganz ausführlich den Aufbau eines Rituals erläutern, damit bei Ihrer Kerzenmagie nichts mehr schiefgeht. Während einem Ritual sollten Sie möglichst gewissenhaft vorgehen und sich genügend Zeit nehmen. Das gilt für alle Rituale, auch für die, die außer Haus geschehen. Die perfekte Vorbereitung kann Ihnen Ihr Vorhaben enorm erleichtern. Wichtig ist, dass Sie Ihr Ritual zelebrieren und nicht nebenher vollziehen. Sie müssen die volle Konzentration aufbringen und sollten sich nicht ablenken lassen. Das bedeutet auch, jegliche Störfaktoren wie Handys oder andere Medien von Anfang an zu vermeiden und gleich auszuschalten. Die Vorbereitung können Sie ebenfalls zu einem kleinen Ritual machen, indem Sie immer nach dem gleichen Schema vorgehen oder eine kleine Melodie summen, um sich einzustimmen. So vergessen Sie nichts und haben all Ihre Utensilien zur Hand. Zusätzlich weiß Ihr Geist, dass Sie jetzt gleich ein Ritual abhalten werden.

Wählen Sie die passende Kerze

Die Wahl der richtigen Kerze ist für ein erfolgreiches Ritual unverzichtbar. Dabei gibt es ein paar grundlegende Dinge zu beachten. Nicht nur eine geeignete Kerze zu finden, ist wichtig, sondern auch, darauf zu achten, dass die Rahmenbedingungen während eines Rituals stimmen. Sonst könnte es passieren, dass Sie Botschaften falsch deuten oder Ihre Kerze nicht so funktioniert, wie Sie es wünschen.

- ❖ Überlegen Sie zunächst, wie lange Ihr Ritual andauern soll. Nach dieser Zeit richten Sie sich, wenn Sie die Größe Ihrer Ritual-Kerze bestimmen möchten. Ein Ritual, welches nur eine halbe Stunde dauern soll, braucht natürlich keine Kerze, die auf acht Stunden ausgelegt ist. Hinzu kommt noch, dass bei vielen Ritualen die Kerze komplett abbrennen sollte. Besonders, wenn Sie weniger Geduld besitzen, kann eine Kerze mit langer Brenndauer hier kontraproduktiv sein. Immerhin möchten Sie ja positive Energien einfließen lassen und sich Ihr Ritual nicht durch Ungeduld verderben. Für ganz kurze Rituale und Zaubersprüche reichen meist schon Teelichter aus. Diese haben außerdem den Vorteil, dass Sie die Kerzen aufgrund der Schutzhülle sicher abbrennen lassen können.
- ❖ Wie Sie schon wissen, gibt es für jeden Anlass die passende Kerzenfarbe. Ihre Rituale können nur funktionieren, wenn Sie sich der Farbwirkung bewusst sind. Zwar sind einfache Haushaltskerzen praktisch, jedoch sind diese meist nicht komplett durchgefärbt und können deshalb die Wirkung Ihres Zaubers abschwächen. Sie können auch mehrere Farben kombinieren, wenn Ihr Ritual darauf ausgelegt ist, mehrere Absichten zu transportieren. Achten Sie aber darauf, dass Ihre Farbauswahl stimmig ist und Sie durch die vielen Farben nicht irritiert werden. Weniger ist hier oft mehr, denn eine bunte Kerzenvielfalt lässt Sie schnell den Überblick verlieren. Gerade am Anfang ist es deshalb besser, sich auf eine Farbe zu beschränken, bei der Sie voll und ganz bei der Sache sind.

- Die Form der Kerze kann eine zusätzliche Unterstützung Ihres Rituals sein. Besonders bei Zaubern, die mit Gottheiten zu tun haben oder Personen darstellen sollen, können Figuren-Kerzen gute Dienste leisten. Richten Sie das Aussehen Ihrer Kerze immer nach den Energien, die Sie nutzen möchten.

- Setzen Sie immer auf neue Kerzen und verwenden Sie keine Kerzen, die schon einmal angezündet wurden. Alte Kerzen nehmen Schwingungen und Energien auf und diese lassen sich nicht wieder entfernen. Sie würden diese Energien mit in Ihr neues Ritual hineinbringen.

- Stellen Sie vor jedem Ritual sicher, dass für Ihre Kerze die optimalen Bedingungen geschaffen wurden, um die volle Kraft zu entfalten. Achten Sie auf eine möglichst windstille Umgebung, eine feuerfeste sowie stabile Unterlage und auf eventuelle Beschädigungen der Kerze selbst. Kerzen, die gebrochen sind, einen zu kurzen Docht aufweisen oder nicht in geeigneter Umgebung angezündet werden, brennen nicht optimal und können kaum Energien aufnehmen.

- Vor Ihrem Ritual müssen Sie Ihre Kerze auf jeden Fall reinigen, damit diese mit Ihren Absichten aufgeladen werden kann. Dazu haben Sie die Möglichkeit, Ihre Kerze mit Salbei oder Rosmarin zu räuchern. Sie können Ihre Kerze auch mit einem individuellen Zauberspruch reinigen und diese so für Ihr Ritual vorbereiten. Beispielsweise können Sie sagen:

  „Von nun an sollst du rein und mir in meiner Magie behilflich sein."

Finden Sie den passenden Platz

Ihr Ritual-Ort sollte gut gewählt sein und möglichst frei von negativen Energien oder elektromagnetischen Impulsen gehalten werden. Ein Altar in direkter Nähe zum Fernseher ist daher nicht sehr fördernd, wenn Sie Magie ausüben möchten. Zudem müssen Sie nicht unbedingt einen Altar herrichten, um magisch arbeiten zu können. Es genügt auch, wenn Sie einen Kraftort auswählen, an dem Sie völlig abschalten und neue Kraft schöpfen können. Je ruhiger Ihr Ritual-Ort ist, desto besser können Sie sich auf Ihre Magie konzentrieren. Dieser Ort kann auch in der freien Natur sein. Wenn Sie einen Garten besitzen, dann ist dieser vielleicht der perfekte Ort für Ihr magisches Treiben.

Um draußen Ihren perfekten Ritual-Ort zu finden, empfehle ich Ihnen, einfach spazieren zu gehen und auf positive Schwingungen zu achten. Richten Sie dabei Ihren Blick auf Ihre Umgebung und halten Sie immer wieder kurz inne, um all Ihre Gefühlsregungen wahrzunehmen. Vielleicht haben Sie auch einen Lieblingsplatz, an den es Sie immer wieder hinzieht und wo Sie komplett ungestört sind. Sie werden bestimmt schnell einen geeigneten Platz finden, wenn Sie auf Ihr Bauchgefühl achten. Ich persönlich bevorzuge Rituale im Wald, weil hier die Energien am stärksten fließen und Zauber noch intensiver gestaltet werden können. Möchten Sie dennoch bei sich zu Hause einen Altar errichten, gebe ich Ihnen gerne ein paar Ratschläge mit auf den Weg.

- Zunächst einmal ist Ihr Altar ein Kraftort, der Ihnen gefallen soll und keinesfalls starren Regeln unterliegt. Sie sollten einen Platz wählen, an dem Sie gut arbeiten und wo Sie Ihre magischen Utensilien gut verstauen können. Auch sollte Ihr Altar nicht im Weg stehen und Sie im Alltag behindern. Es ist einfach lästig, wenn Sie Ihren Altar ständig auf- und abbauen müssen, weil Sie den Platz anderweitig benötigen. Wählen Sie deshalb einen Tisch oder eine Kommode mit genügend Freiraum aus, an dem alle Utensilien verbleiben können. Wichtig ist auch, dass Sie an Ihrem Altar stehend oder kniend arbeiten können.
- Die Ausrichtung Ihres Altars ist grundsätzlich von Ihnen abhängig. In vielen Hexenbüchern steht, dass der Altar nach Norden ausgerichtet werden sollte, weil diese Himmelsrichtung die Erde symbolisiert, auf der wir wandeln. Doch dies ist kein Muss. Richten Sie Ihren Altar deshalb so aus, wie es sich für Sie perfekt anfühlt, denn genau dann werden Ihre magischen Kräfte am besten zur Geltung kommen.
- Machen Sie nicht den Fehler und überladen Sie Ihren Altar mit Dekorationen. Zu viele Elemente lenken nur von Ihrer Arbeit ab und nehmen noch dazu unnötig Platz weg. Zwei bis drei Dinge reichen für den Anfang völlig aus, um Ihrem Altar eine persönliche Note zu verleihen.
- Achten Sie darauf, dass alle Elemente auf Ihrem Altar vertreten und in die entsprechenden Himmelsrichtungen ausgerichtet sind. Für das Element Luft legen Sie beispielsweise im Osten ein Messer (Athame) bereit, einen Zauberstab für Feuer im Süden, einen Wasserkelch für Wasser im Westen und eine Schale mit Erde im Norden. So können Sie sichergehen, dass alle Elemente bei Ihren Ritualen vertreten sind.
- Sie können die Art und den Ort Ihres Altars jederzeit verändern und nach Ihren Bedürfnissen ausrichten. Vielleicht möchten Sie auch auf eine portable Variante in einer Kiste zurückgreifen, die sich schnell und diskret wieder verstauen lässt.

❖ Da Sie mit Kerzen arbeiten, achten Sie unbedingt auf eine feuerfeste Unterlage oder entsprechende Kerzenständer mit festem Stand. Vermeiden Sie es, wenn möglich, Kerzen in der Hand zu halten, es sei denn, im Ritual wird ausdrücklich darauf hingewiesen. Achten Sie bei Ihrer Arbeit unbedingt auf Ihre Sicherheit. Möchten Sie eine Kerze über einen längeren Zeitraum sicher abbrennen lassen, können Sie diese auch in ein hohes Windlicht stellen.

❖ Reinigen Sie vor der Errichtung Ihres Altares den Raum, damit keine negativen Schwingungen zurückbleiben und sich auf Ihre Utensilien legen können. Sie können Kräuter wie Rosmarin oder Salbei räuchern, reinigende Kristalle aufstellen oder einfach den gesamten Raum mit einem selbst gemachten Raumspray aus Lavendel und Salbei einsprühen, damit der Energiefluss maximiert werden kann.

❖ Setzen Sie bei Ihrem Altar auf Naturmaterialien wie Holz oder Gestein, damit Sie eine stärkere Verbindung zur Natur herstellen können. Vertrauen Sie Ihrer Intuition und finden Sie einen Platz oder ein Möbelstück, welches Ihre Interessen am besten widerspiegelt.

Kommen Sie zur Ruhe

Bevor Sie mit ihrem Kerzenritual beginnen, sollten Sie sich von jeglichen Anspannungen befreien und sich erden. Erdung schärft Ihre Sinne und hilft Ihnen dabei, sich zu beruhigen. Denn vor Ihren Ritualen sollten Sie sich wohlfühlen und keinesfalls Zauber ausüben, wenn es Ihnen psychisch oder körperlich schlecht geht. Ihr Gemütszustand hat großen Einfluss auf Ihre Magie und kann schlimmstenfalls negative Ergebnisse hervorbringen. Um sich auf Ihr Ritual einzustimmen, kann Ihnen eine kleine Meditation oder eine Atemübung helfen. Sie können auch ein schönes Lied trällern, Ihren Körper pflegen oder ein rituelles Bad nehmen, bevor Sie sich an Ihr Ritual begeben. Letzteres hat den Vorteil, dass Sie sich vor Ihrem Ritual reinigen und alle negativen Energien von Ihrem Körper entfernen. Sie können zur Erdung auch eine Klangschale auf Ihrem Altar bereitstellen, mit der Sie sich auf Ihre Magie einstimmen, sanfte Musik abspielen oder aber Ihre Konzentration auf einen Gegenstand, wie zum Beispiel auf einen Kristall, richten. Ich übe zum Beispiel vor jedem Ritual eine kleine Gedankenmeditation aus, die mich sehr entspannt und meine Gedanken klärt. So vermeide ich Grübeleien und kann mich Stück für Stück aus dem Alltagschaos lösen. Negative Gedanken abzulegen, ist vor jedem Ritual wichtig, denn diese Gedanken wirken wie eine Blockade. Vielleicht möchten Sie meine Methode ja auch einmal ausprobieren:

- Setzen Sie sich auf eine bequeme Unterlage und schließen Sie die Augen.
- Atmen Sie mehrmals tief ein und aus. Achten Sie dabei auf eine möglichst aufrechte Körperhaltung und lassen Sie Ihre Arme locker auf Ihren Oberschenkeln ruhen. Spüren Sie zunächst, wie sich Ihre Bauchdecke hebt und senkt. Die Augen bleiben dabei weiterhin geschlossen.
- Stellen Sie sich nun die schönsten Orte vor, die Sie bereisen möchten. Tauchen Sie komplett in die Szenerie ein und versuchen Sie, sich so viele

Details wie nur möglich vorzustellen. Sie können auch Ihre schönsten Momente in Ihrem Leben Revue passieren lassen und diese noch einmal detailliert nacherleben. Schnell werden sich bei Ihnen positive Gefühle einstellen und Ihr Körper entspannt sich spürbar.

❖ Öffnen Sie danach die Augen und atmen Sie mit einem lauten Seufzer ein und aus. Jetzt sind Ihr Körper und Ihr Geist bereit für das kommende Ritual.

Kerzenentzündung: Das Setzen Ihrer Intention

Wenn Sie Ihre Kerze gründlich gereinigt haben, können Sie nun mit der Zielsetzung Ihrer Intention beginnen. Dieser Teil des Rituals ist der wohl bedeutendste, denn Sie übertragen jetzt Ihre Wünsche und Sehnsüchte auf die Kerze.

❖ Noch bevor Sie die Kerze anzünden, empfiehlt es sich, die Kerze zu salben. Dabei wird die Kerze mit positiven Energien und Absichten aufgeladen, indem Sie sie mit ätherischen Ölen einreiben. Bereits an diesem Punkt können Sie eine Verbindung zur spirituellen Welt knüpfen und für stärkere Energieflüsse sorgen. Gehen Sie beim Salben sorgfältig vor und reiben Sie jeden Zentimeter der Kerze langsam ein, während Sie im Kopf Ihre Ziele durchgehen.

❖ Ist Ihre Kerze bereit für das Ritual, nehmen Sie zum Anzünden keinesfalls ein Feuerzeug. Sie sollten die Kerze schon mit natürlichen Materialien anzünden, wie beispielsweise mit einem Streichholz oder einem langen Holzstab. Der Grund hierfür ist ganz simpel: Sie möchten das Entzünden der Kerze zelebrieren und nicht ganz schnell hinter sich bringen. Noch dazu bringen Naturmaterialien zusätzliche Energie in Ihr Ritual hinein.

❖ Wenn Sie Ihre Kerze anzünden, können Sie bereits einen magischen Spruch aufsagen oder in Gedanken Ihre Absichten formen. Auch können Sie Ihre Absichten zu Papier bringen und während des Anzündens neben die Kerze legen.

❖ Nehmen Sie sich genügend Zeit, um Ihre Intention in Gedanken zu festigen. Wenn Sie mit Ihrer Magie erfolgreich sein möchten, müssen Sie während Ihres Rituals achtsam mit Ihren Gedanken und Ihren Werkzeugen umgehen. Sonst wird es Ihnen kaum möglich sein, genügend Energien aufzubauen, die Sie bei Ihrem Vorhaben unterstützen.

Visualisierung

Das Prinzip der Visualisierung, also der bildlichen Vorstellungskraft, hat in der Magie einen hohen Stellenwert. Visualisierung hilft Ihnen dabei, sich positive Energien vorzustellen, Ihre Intention greifbarer zu machen sowie magische Kraftfelder zu kreieren. Zudem führen Sie sich lebhafte Bilder vor Augen, die Ihnen beim Meditieren, Wünschen und Bannen behilflich sein werden. Es kommt ganz darauf an, was Sie mit Ihrem Ritual erreichen möchten und welches Ergebnis Sie letztendlich anstreben. Eine intensive Visualisierung erhöht die Chance, dass Sie mit Ihrem Ritual Erfolg haben werden.

❖ Sie sollten sich beim Visualisieren nicht darauf konzentrieren, dass Ihr Wunsch noch in Erfüllung gehen muss, denn dann schwingen bei Ihrem Ritual auch Unsicherheiten oder Zweifel mit, die kontraproduktiv sein können. Legen Sie den Fokus daher immer auf das gewünschte Ergebnis. Wenn Sie beispielsweise gesund werden möchten, stellen Sie sich vor, wie Sie fit und gesund leben würden; bei einem unerfüllten Liebeswunsch können Sie in Gedanken das Bild einer glücklichen Partnerschaft formen; für finanziellen Erfolg stellen Sie sich ein volles Bankkonto vor usw.

- ❖ Damit Sie konzentriert bleiben, können Sie auch einen Spruch aufsagen, den Sie regelmäßig wiederholen. So bleiben Sie bei der Sache und Ihre Gedanken schweifen nicht ab. Kommt es dennoch zu einer Ablenkung oder fällt es Ihnen schwer, Ihre Gedanken beisammenzuhalten, brauchen Sie sich nicht zu ärgern. Im Laufe der Zeit und mit mehr Übung wird Ihnen die Visualisierung immer leichter fallen und Sie können die Bilder in Ihrem Kopf schneller abrufen.
- ❖ Meine kleinen Tricks, um Visualisierungen effektiver zu nutzen, sind das Malen und das Zeichnen. Vor jedem Ritual erstelle ich eine kleine Zeichnung mit einer Szene, die das Ergebnis darstellt, welches ich erzielen möchte. Dieses Bild schaue ich mir lange genug an, bis ich es detailliert im Kopf habe. Wenn ich dann mein Ritual vollziehe, wird dieses Bild in meinem Kopf lebendig und ich kann mich besser darauf konzentrieren, weil ich es schon einmal gesehen habe.
- ❖ Üben Sie Visualisierungen auch außerhalb Ihrer Rituale, damit Sie einerseits Übung darin bekommen und andererseits Ihre Intentionen weiter vertiefen.
- ❖ Visualisierung kann Ihnen auch dabei helfen, unterwegs Utensilien oder Energien zu ersetzen. Das heißt, wenn Sie gerade nicht Ihr gesamtes magisches Arsenal dabei haben, können Sie mithilfe Ihrer Vorstellungskraft Alternativen finden. Da wird ein Stock schnell zum Zauberstab und die arrangierten Steine auf dem Boden bilden einen Schutzkreis oder repräsentieren die Elemente.
- ❖ Wenn Sie mit Visualisierungen noch keine Erfahrung haben und es noch nicht klappen will, suchen Sie sich einfache Formen und Farben, die Sie sich bildlich vorstellen möchten. Das können Sie im Alltag prima üben. Wenn Sie dann Gerüche oder die Beschaffenheit von Gegenständen im Geiste abrufen können, sind Sie schon auf dem besten Weg, komplexere Inhalte zu visualisieren. Irgendwann wird Ihre gedankliche Vorstellungskraft so stark sein, dass Sie die Energien um sich herum besser wahrnehmen und auch aufnehmen können.

Energieaufbau

Ihre magische Kraft wird bei jedem Ritual, das Sie praktizieren, verbessert. Sie dürfen am Anfang aber keine zu hohen Erwartungen haben, denn Ihr Energiefluss muss sich zuerst einmal entwickeln. Dazu brauchen Sie regelmäßige Rituale, um Ihre magischen Fähigkeiten überhaupt zu entdecken. Außerdem werden Sie irgendwann Ihre persönlichen Vorlieben erkennen, mit denen Sie am besten an Ihr Ziel gelangen. Für mich zum Beispiel ist das Zusammenspiel von Kristallen, Mondmagie und Kerzen ein Erfolgsgarant. Ich beschäftige mich leidenschaftlich gern mit diesen Bereichen und weiß auch, dass ich hier so gut wie immer meine magischen Kräfte entfalten kann. Kristalle geben mir in Ritualen einen besonderen Energieschub und sobald ich mich mit dem Mond verbinde, kann ich aus dem Vollen schöpfen. Das war nicht immer so. Ich habe viele Methoden und Rituale ausprobiert, bis ich das Maximum an Energie aus mir herausholen konnte. Ich bin dabei auch sehr oft gescheitert, weil ich mir meiner Kräfte noch nicht bewusst war. Vielleicht haben Sie ja auch einen speziellen Bereich oder bestimmte Ritualgegenstände in der Magie, die bei Ihnen immer positive Energien erzeugen?

Deutung der Kerze

Während Ihres Rituals wird die Kerze nicht nur vor sich hin brennen, sondern auch Aktionen zeigen, die Botschaften beinhalten. Dazu müssen Sie das Brennverhalten der Kerze genau studieren und dieses dann interpretieren. Ihre Kerze wird Ihnen viele Signale senden, wenn Sie diese denn zu deuten wissen. So tänzelt die Flamme manchmal oder weist ein hektisches Flackern auf, ein anderes Mal wiederum tropft das Wachs unkontrolliert herunter oder bildet sogar mysteriöse Formen und Strukturen. Es ist immer spannend, zu sehen, wie sich der Verlauf des Abbrennens entwickelt und wie Sie daraus dann Ihre Schlüsse ziehen. Im Laufe der Zeit werden Sie feinfühliger und entwickeln ein Gespür dafür, was Ihnen die Kerze mitteilen möchte. Es hängt auch stark von Ihren persönlichen Gefühlen und Ihrer Intuition ab, welche Botschaft Sie bereit sind, zu empfangen. Je öfter Sie sich mit der Bedeutung des Abbrennens beschäftigen, desto besser verstehen Sie die Interaktion mit Ihrer Kerze und können Rückschlüsse auf den Erfolg Ihrer Rituale ziehen.

Die Kerze brennt unauffällig

Brennt Ihre Kerze ohne nennenswerte Aktionen ab, können Sie absolut beruhigt sein, denn das bedeutet lediglich, dass Ihre Botschaft angenommen wurde. Unkomplizierte Brennvorgänge sind grundsätzlich immer als positives Zeichen zu deuten.

Große Flamme

Vergrößert sich die Flamme und leuchtet noch dazu intensiver, besitzt Ihr Zauber eine große Kraft und wird höchstwahrscheinlich erfolgreich sein. Die Flamme deutet darauf hin, dass Sie Ihre Ziele klar vor Augen haben und Ihr Vorhaben klar und deutlich kommunizieren. Sprüht Ihre Kerze zwischendurch Funken, können Sie sicher sein, dass Sie von göttlicher Seite unterstützt werden. Ein Flackern der Flamme zeigt übermäßige Energie an, die zu einem schnelleren Ergebnis führen kann. Dies kann aber auch bedeuten, dass zu viele Kräfte am Werk für Chaos sorgen.

Die Flamme bewegt sich

Neigt sich die Flamme zur rechten Seite, werden materielle Wünsche erfüllt. Auf emotionaler Ebene gilt es, hier geduldig zu sein. Neigt sich die Flamme zur linken Seite, können Sie sich über positive Energien im spirituellen Bereich freuen. Allerdings sollten Sie im materiellen Bereich vorsichtig sein und nichts überstürzen. Die Zeit ist hier noch nicht reif genug. Brennt Ihre Kerze einseitig herunter, waren Sie entweder bei der Wahl der Kerze nachlässig oder Ihr Ritual wirkt nur zur Hälfte, weil es störende Einflüsse gab. Ebenso verhält es sich, wenn die Flamme zischt und knallt. Irgendetwas stört den Magie-Fluss und behindert Ihr Vorhaben. Gibt die Flamme besonders laute Geräusche von sich, möchte jemand aus der Welt der Geister und Ahnen mit Ihnen Kontakt aufnehmen.

Kleine Flamme

Ist die Flamme klein und leuchtet kaum, wird der Zauber wahrscheinlich keine Wirkung erzielen. Auch bedeutet dies, dass Sie vielleicht noch etwas warten sollten, bis Sie erneut ein Ritual ausüben. Vielleicht haben Sie nur den falschen Zeitpunkt ausgewählt und sollten noch etwas an sich arbeiten. Versuchen Sie es nach einiger Zeit erneut und lassen Sie sich nicht davon beirren.

Blaue Flamme

Tritt dieser seltene Fall ein, können Sie sichergehen, dass Sie von starken übernatürlichen Mächten unterstützt werden. Ihre Absichten wurden gehört und Sie können auf die Hilfe Ihrer Gottheiten oder Ahnen bauen. Die blaue Flamme weist außerdem auf die Weiterentwicklung Ihrer magischen Kräfte hin, weil Sie in der Lage waren, diese seltene Flamme zu erzeugen.

Die Flamme erlischt

Wenn eine Flamme plötzlich erlischt, ohne dass Sie daran beteiligt waren, dann ist Ihr Ritual und auch der Zauber definitiv beendet. Kommt das sehr schnell vor, kann dies darauf hindeuten, dass sich Ihrem Vorhaben etwas widersetzt und Sie Ihr Ziel noch nicht erreichen werden.

Die Kerze verweigert sich

Es kann vorkommen, dass sich Ihre Kerze nicht anzünden lässt. Das kann vielleicht ein Zeichen dafür sein, dass Ihre Ansichten und Ihr Vorhaben noch nicht ausgereift sind. In dem Falle sollten Sie eine kurze Pause einlegen und sich von der Kerze räumlich entfernen. Gehen Sie Ihre Wünsche und Ziele noch einmal durch und versuchen Sie, Ihre Absichten klar und deutlich zu definieren. Es kann aber auch sein, dass Sie den Raum, in dem Sie Ihr Ritual durchführen wollten, noch ein weiteres Mal reinigen müssen. Waren Sie bei der Reinigung nicht achtsam genug, verweigern Kerzen gerne ihre Dienste.

Auffälliges Wachs

Tropft Ihre Kerze sehr stark, deutet dies auf Tränen hin, die von glücklicher oder auch trauriger Natur sein können. Verliert Ihre Kerze nahezu kein Wachs und tropft sie nicht, ist Ihre Absicht erfolgreich entsandt. Bildet sich eine Wachspfütze, kann viel Leidenschaft im Spiel sein, die sich auf das Ergebnis Ihrer Magie auswirken kann. Ob positiv oder negativ, kommt darauf an, wie rein und selbstlos Ihre Intention ist. Brennt sich die Kerze durch die Mitte durch und lässt einen Kerzenkrater zurück, waren die magischen Kräfte nicht stark genug. Leider passiert dies häufig bei der Verwendung von Stumpenkerzen, da diese Energien nicht so gut speichern können wie Spitzkerzen.

Sonstige Besonderheiten

Auch das Rußverhalten und eventuell auftretender Rauch sagen viel über den Erfolg Ihres Rituals aus. Tritt weißer Rauch auf, dann werden Ihre Wünsche erhört und Sie können auf viel magischen Beistand hoffen. Schwarzer Rauch wiederum kann ein Hinweis darauf sein, dass Sie sich noch etwas Zeit nehmen sollten, um zu wachsen und zu reifen. Ihr Ritual wird in diesem Fall nicht wirksam sein und bedarf mehr Vorbereitung, einer intensiveren Auseinandersetzung mit Ihren Absichten und einer gründlicheren energetischen Reinigung. Die Richtung des Rauches sagt ebenfalls aus, ob sich Ihre Absichten von Ihnen entfernen oder Sie diese anziehen. Zieht der Rauch zu Ihnen, ist dies positiv zu werten. Bewegt sich der Rauch von Ihnen weg, entfernen Sie sich von Ihrem Ziel. Rußt eine Kerze sehr stark, ist Ihre magische Energie erschöpft und Sie können Ihren Zielen vorerst nicht näherkommen.

Beendigung des Rituals

Haben Sie Ihren Zauber erfolgreich abschließen können, sollten Sie Ihr Ritual nicht ohne Verabschiedung oder Endritual abbrechen. Sie haben so viel Sorgfalt in die Vorbereitung gesteckt, dass Sie jetzt auch eine entsprechende Nachbereitung des Rituals durchführen sollten. Gründe hierfür gibt es einige:

- Wenn Sie beispielsweise mit einer Gottheit arbeiten, ist es nicht angebracht, sich einfach aus dem Ritual zu entfernen. Es könnte sein, dass Sie Ihre Gottheit so nicht genug würdigen und diese bei Ihren nächsten Ritualen nicht mehr behilflich sein möchte. Eine kurze Danksagung reicht aus, um auch den kosmischen Energien Respekt entgegenzubringen.
- Zum Abschluss können Sie auch einen weiteren Schutzkreis ziehen, der Ihre Kräfte verstärkt und den Energiefluss aufrechterhält. Ein abschließendes Mantra beendet Ihr Ritual vollständig und sorgt dafür, dass sich Ihre magischen Kräfte nicht einfach in Luft auflösen und so Ihr Vorhaben beeinflussen.

- Auch die Entsorgung Ihrer magischen Utensilien sollte nicht ohne Sinn geschehen. Werfen Sie Kerzenreste nicht einfach in den Mülleimer, der in Ihrer Küche steht – besonders dann nicht, wenn Sie einen Bannzauber ausgeübt haben und negative Energien aus Ihrem Haus entfernen möchten. Sie würden diese Energien nur verlagern. Besser ist es dann, Kerzenreste direkt aus dem Haus in die Mülltonne oder in eine kleine Schale zu befördern, die Sie später komplett entsorgen. Bei allen anderen Kerzenresten sollten Sie auch eine respektvolle Lösung finden, denn wenn Sie diese achtlos wegwerfen, befördern Sie Ihre Macht ebenso einfach in die Tonne. Schließlich war die Kerze von Bedeutung und sollte dementsprechend behandelt werden. Vielleicht möchten Sie Ihre Kerzenreste auch sammeln und daraus neue Kerzen für den Hausgebrauch entstehen lassen. Achten Sie nur darauf, dass keine negativen Schwingungen vorhanden sind. Kerzenreste aus Bann- und Reinigungsritualen sollten Sie deshalb immer entsorgen. Alle anderen Kerzenreste können Sie hervorragend zu neuen Kerzen gießen, zu Wachssiegeln machen oder zu Duftwachs umwandeln.
- Andere Utensilien, die Ihnen nicht mehr dienen, sollten Sie ebenfalls mit Bedacht entsorgen oder weiterverwenden. Reinigen Sie die Utensilien nach ihren Ritualen vollständig von Magie, indem Sie diese mit Wasser abwaschen oder mit ätherischen Ölen einreiben. Achten Sie immer auf die Umwelt und entsorgen Sie Ihre Gegenstände im Einklang mit der Natur. Manche Utensilien sind biologisch abbaubar und können beispielsweise wieder der Erde übergeben oder durch Wasser weggespült werden.
- Vielleicht haben Sie auch einen ganz persönlichen Spruch, den Sie immer am Ende eines jeden Rituals aufsagen möchten. Diese Methode finde ich persönlich ganz besonders schön, weil Sie so mit einem individuellen Spruch Ihre magischen Kräfte herunterfahren können.

Meditation mit Kerzen

Achtsame Momente helfen Ihnen, zu sich selbst zu finden und Ihren Alltag zu entschleunigen. Eine Meditation kann Sie dabei unterstützen, sowohl Ihr magisches Potenzial zu entfalten als auch Ihre Intuition zu schulen. Kerzen sind wunderbare Hilfsmittel, mit denen Sie Ihre Konzentration trainieren können, um so besser in einen tranceartigen Zustand zu gelangen. Zusätzlich wirkt eine Kerzenmeditation beruhigend auf Körper und Geist, weil Ihnen die Wärme und das Licht positive Impulse sendet. Die Kerzenmeditation können Sie zu jeder Zeit anwenden, sobald Ihnen danach ist. Wenn Sie einen Augenblick der Stille benötigen oder innere Anspannungen loswerden wollen, kann Ihnen das Meditieren mehr Ausgeglichenheit verleihen. Die Vorteile einer Kerzenmeditation sind unter anderem:

- Sie lernen Ihren Fokus auf ein bestimmtes Objekt oder einen Gedanken zu richten, was bei bestimmten Ritualen äußerst wichtig ist.
- Ihre Konzentration wird sich durch die Meditation verbessern.
- Sie lernen, Ihren Geist in stressigen Situationen zu beruhigen.
- Sie erlangen die Kontrolle über Ihren Körper und trainieren Ihre Selbstbeherrschung.
- Sich gezielt in eine Tiefenentspannung versetzen zu können, ist im Alltag hilfreich, wenn es mal turbulenter zugeht.
- Ihre Wahrnehmung und Ihr Bewusstsein werden sich erweitern, sodass Sie die Welt mit anderen Augen sehen werden.

WIE FUNKTIONIERT EINE KERZENMEDITATION?

Sie benötigen während der gesamten Meditation nichts weiter als eine Kerze. Die Farbe der Kerze können Sie selbst bestimmen. Es kommt hier allerdings darauf an, welches Ziel Sie während Ihrer Meditation verfolgen möchten, sehen Sie dafür zum Beispiel im Kapitel ‚Kerzenfarben' nachsehen. Mit einer weißen Kerze liegen Sie niemals falsch, denn die Farbe Weiß ist aufgrund ihrer Reinheit für jede Meditation geeignet. Wenn Sie die passende Kerze gewählt haben, suchen Sie sich am besten einen ruhigen Ort, an dem Sie ungestört sind. Gedimmtes Licht, Räucherwerk und sanfte Musik schaffen eine angenehme Atmosphäre, die Sie leichter in die Meditation hineingleiten lässt. Ihre Konzentration richtet sich bei der Meditation zunächst nur auf die Kerzenflamme. Das Anzünden der Kerze wird achtsam zelebriert und geschieht mit größtem Bewusstsein. Deshalb sollte die Kerze auch nicht mit einem Feuerzeug angezündet werden, da dieses den Energiefluss beeinträchtigt. Ein langes Streichholz nimmt hier das Tempo heraus und wird langsam an den Docht der Kerze herangeführt, bis dieser sich mit einem leisen Zischen entzündet. Die Meditation beginnt schon beim intensiven Beobachten aller Vorgänge und wird mit voller Konzentration auf die Kerzenflamme fortgeführt. Bewusstes Atmen gehört ebenfalls dazu. Die Kunst der Kerzenmeditation ist es, sich nicht durch äußere Einflüsse ablenken zu lassen. Wird die Konzentration nur auf die Kerze gelenkt, entsteht hierbei ein leichter tranceartiger Zustand. Zudem entspannt sich der Körper und negative Gedanken verschwinden.

Achten Sie bei Ihrer Meditation auf folgende Dinge:

- ❖ Wie bewegt sich die Flamme?
- ❖ Welche Farben zeigen sich in der Flamme und um diese herum?
- ❖ Wird die Flamme größer oder schwindet sie nach einiger Zeit?
- ❖ Können Sie bestimmte Geräusche wahrnehmen? Knistert die Flamme oder zischelt sie sogar?
- ❖ Welchen Duft verströmt die Kerze?
- ❖ Wie fühlt sich Ihre Umgebung dabei an?
- ❖ Können Sie Ihre Energie im Körper lokalisieren? Befindet sich die Energie im Bauch, Kopf oder Brustraum?
- ❖ Wie fühlen Sie sich insgesamt während der Meditation?

Nach der Kerzenmeditation empfehle ich Ihnen, Ihre Erkenntnisse aufzuschreiben, denn Sie können für sich daraus wertvolle Schlüsse ziehen. Vielleicht erhalten Sie durch die Kerze eine besondere Botschaft, die Sie klarer sehen lässt. Sie können die Kerzenmeditation also nicht nur zur Entspannung nutzen, sondern auch als hilfreiche Methode ansehen, um mit Ihrem Unterbewusstsein und mit dem Universum zu kommunizieren.

Kerzenmeditation Übung

Diese kleine Übung zeigt Ihnen, wie Sie ganz einfach eine Kerzenmeditation durchführen können. Sie ist jederzeit anwendbar und vollkommen unkompliziert. Wenn Sie vorher noch ein kleines Ritual abhalten möchten, beispielsweise ein reinigendes Vollbad nehmen, dann können Sie das gerne tun. Alles, was dazu beiträgt, dass Sie sich während Ihrer Meditation wohlfühlen, ist förderlich für Ihren Erfolg.

1) Überlegen Sie sich, zu welchem Zweck Sie Ihre Kerzenmeditation ausüben möchten. Richten Sie die Farbe der Kerze nach Ihrem Vorhaben aus.

2) Suchen Sie einen ruhigen Ort aus, an dem Sie nicht gestört werden.

3) Legen Sie alle Utensilien bereit, die Sie für Ihre Meditation brauchen. Denken Sie an einen passenden Kerzenhalter und Streichhölzer.

4) Setzen Sie sich auf eine bequeme Unterlage oder ein Kissen.

5) Stellen Sie die Kerze nun vor sich hin und nehmen Sie das Streichholz zur Hand.

6) Atmen Sie gleichmäßig ein und aus, bis Sie völlig entspannt sind.

7) Richten Sie Ihren Blick auf das Streichholz und versuchen Sie von jetzt an nicht mehr den Blick abzuwenden, sondern sich nur noch auf das Geschehen zu konzentrieren.

8) Entzünden Sie das Streichholz und beobachten Sie diesen Vorgang genau. Führen Sie dann das Streichholz in die Nähe der Kerze. (Ich empfehle Ihnen hier lange Streichhölzer zu nutzen, damit Sie den Moment der Entzündung auch wirklich zelebrieren können und sich dabei nicht die Finger verbrennen.)

9) Entzünden Sie den Docht der Kerze und löschen Sie das Streichholz. Nehmen Sie den Geruch des Schwefels wahr und bleiben Sie mit Ihrem Blick an der Flamme der Kerze haften.

10) Atmen Sie tief ein und aus. (Passen Sie auf, dass Sie die Kerze dabei nicht auspusten.)

11) Beobachten Sie die Flamme und lassen Sie sich ganz von ihrer Schönheit verzaubern. Versuchen Sie, alle Details zu erfassen und bleiben Sie fokussiert. Vielleicht wird sich die Größe der Flamme sogar während Ihrer Meditation verändern oder sogar leise Geräusche von sich geben.

12) Während der Meditation wird alles um Sie herum in den Hintergrund treten und nur die Kerzenflamme im Fokus stehen. Anfangs kann es noch sehr ungewohnt und anstrengend für Sie sein, sich über einen längeren Zeitraum konzentrieren zu müssen. Deshalb sollten Sie mit möglichst kurzen Meditations-Intervallen beginnen und sich langsam steigern. Fünf Minuten können für Sie am Anfang noch etwas viel sein und es ist darum besser, wenn Sie sich kleine Ziele setzen. Sie möchten Ihren Geist schließlich nicht überfordern.

13) Wenn Sie die Meditation beenden, löschen Sie die Kerze mit einem speziellen Kerzenlöscher. Das ist ein langer Stab mit einem Hütchen daran, der über die Flamme gestülpt wird, damit diese erstickt. Zum Abschluss können Sie noch eine Atemübung oder auch ein kleines Entspannungsritual durchführen.

EINE GEFÜHRTE KERZENMEDITATION

Vorbereitung: Überlegen Sie sich, zu welchem Zweck Sie Ihre Kerzenmeditation ausüben möchten. Richten Sie die Farbe der Kerze nach Ihrem Vorhaben aus. Legen Sie alle Utensilien bereit, die Sie für Ihre Meditation brauchen. Denken Sie an einen passenden Kerzenhalter und Streichhölzer und ggf. einen Kerzenlöscher. Achten Sie darauf, dass sich nichts in der Nähe der Kerze entzünden kann und Sie einen Abstand zur Kerze behalten, sodass Sie sich nicht verbrennen können.

Ein Wasserfall aus Licht

https://bit.ly/3djk0xh
Link oder QR-Code zum Audio-Guide

„Suchen Sie sich für diese Meditation einen gemütlichen Platz, an dem Sie für die nächsten zehn bis fünfzehn Minuten ganz ungestört sein können. Begeben Sie sich in eine angenehme Sitzposition. Und wenn Sie für sich eine Position gefunden haben, dann lade ich Sie dazu ein, Ihre Augen zu schließen und bei sich anzukommen. Atmen Sie dafür tief durch die Nase ein und lassen Sie die Luft durch Ihren leicht geöffneten Mund wieder hinausströmen. Und noch einmal tief durch die Nase ein- und durch den Mund ausatmen. Nehmen Sie noch einen letzten bewussten Atemzug und lassen Sie Ihre Atmung dann zu ihrem natürlichen Rhythmus zurückkehren. Öffnen Sie nun sanft Ihre Augen und zünden Sie langsam und bewusst Ihre Kerze an –Nehmen Sie den Geruch, die Farben der Flamme und vielleicht sogar das leise Knistern ganz bewusst wahr.

Strecken Sie dann Ihre Arme einmal ganz langsam nach vorne. Vielleicht können Sie die Wärme der Kerze an Ihren Fingerspitzen fühlen. Atmen Sie ein und wieder aus und fühlen Sie, wie Ihr Körper dabei lockerer und weicher wird. Entspannen Sie sich und lassen Sie sich tief in den Anblick deiner Kerze sinken, sodass Sie sich vollkommen geerdet und geborgen fühlen.

Spüren Sie, wie Sie beim Einatmen neue positive Lebensenergie aufnehmen und bei jedem Ausatmen alle Anspannung und jeden Gedanken loslassen. Wenn Ihre Gedanken abschweifen, lenken Sie sie ganz sanft auf Ihre Kerze zurück. Ich lade Sie jetzt dazu ein, die folgenden Affirmationen anzuhören und im Stillen für sich zu wiederholen. Beobachten Sie dabei das Tänzeln und Flackern der Flamme.

Ich freue mich auf all die Wunder, denen ich begegnen werde.
Ich bin dankbar für mein Leben und für jeden neuen Tag.
Ich vertraue meiner Intuition.
Ich öffne mein Herz und lasse Glück und Freude hineinströmen.
Ich bin stark und gesund.
Ich bin genug.
Ich habe grenzenloses Potenzial.
Das Leben gibt mir das, was ich zum Wachsen brauche.
Ich mache jeden Tag zu einem wunderbaren Tag.
Ich begegne mir und allen anderen Menschen
mit Mitgefühl und mit einem Lächeln.
Ich habe es verdient, glücklich und erfüllt zu sein.

Atmen Sie tief ein und lassen Sie so die Energie der Kerze und die Energie dieser Worte in Ihren Körper und Ihren Geist fließen. Saugen Sie die Energie in sich auf. Und stellen Sie sich nun vor, wie ein warmer

Wasserfall aus Licht durch Ihren Körper strömt. Durch Sie hindurch. Durch Ihren ganzen Körper. Das warme Licht der Kerze fließt durch Ihre Arme in Ihre Hände bis zu den Fingerspitzen, durch Ihre Brust und Ihr Herz, in Ihren Bauch, durch Ihre Beine bis zu den Zehen. Spüren Sie, wie das Licht Ihnen beim Durchströmen Energie schenkt und jede Zelle Ihres Körpers mit Licht umhüllt wird, von Ihren Fußspitzen bis zu Ihrem Haaransatz. Lassen Sie diesen kraftvollen Energiestrom durch Ihren Körper hin- und herfließen. Das warme Licht begleitet Sie an jedem Tag. Nun spüren Sie, wie dieses warme, wunderschöne Gefühl sich in Ihrem ganzen Körper ausbreitet und dort verbleibt. Sie fühlen sich immer wärmer, geborgener und friedlicher. Atmen Sie tief ein und sanft wieder aus. Spüren Sie, wie Ihre Bauchdecke sich bei jedem Einatmen hebt und bei jedem Ausatmen wieder senkt. Bei jedem Einatmen atmen Sie positive Energie und warmes Licht in sich hinein. Und bei jedem Ausatmen lassen Sie jede Anspannung und alle negativen Gedanken los.

Und dann bringen Sie Ihre Aufmerksamkeit ganz langsam wieder ins Hier und Jetzt. Spüren Sie die Unterlage unter sich, Ihre Füße, Oberschenkel, Hüfte und Ihren Bauch. Spüren Sie Ihren Herzschlag und das warme Gefühl in sich. Verinnerlichen Sie es. Spüren Sie Ihre Arme und Hände. Spüren Sie Ihren Nacken, Ihren Kiefer, Ihren Kopf. Bewegen Sie alles ganz langsam und ganz sanft. Schenken Sie sich dabei ein Lächeln. Löschen Sie die Kerze oder beobachten Sie sie beim Abbrennen und bedanke Sie sich bei sich selbst, dass Sie sich die Zeit genommen haben, um jedem Tag mit Dankbarkeit und mit positiver Energie zu begegnen. Genau das tragen Sie in die Welt hinaus. Nehmen Sie noch einen tiefen Atemzug durch die Nase ein, halten Sie den Atem kurz und lassen Sie ihn gehen. Bleiben Sie noch so lange in dieser Position, wie es sich für Sie gut anfühlt und bewegen und strecken Sie Ihren Körper so, wie es sich für Sie gut anfühlt. Ich wünsche Ihnen einen großartigen und energiereichen Tag!

Level Up: Kerzen & Räuchern

Räuchern ist eine uralte Methode, um Energien und Stimmungen gezielt zu beeinflussen. Diese Methode eignet sich sehr gut in Kombination mit Kerzenmagie, da hier ebenfalls mit Feuer, Glut und Rauch gearbeitet wird. Beim Räuchern allerdings steht nicht das Feuer, sondern der Rauch im Fokus. Dieser Rauch entsteht durch das Abbrennen von Harzen, Kräutern oder Hölzern und besitzt ganz besondere Eigenschaften. Zum einen kann das Räuchern Ihre Umgebung reinigen und negativen Energien Einhalt gebieten. Zum anderen kann es Ihre Wünsche durch die Lüfte bis ins Universum transportieren. Die beruhigende und heilsame Wirkung des Räucherns nutzten schon die Urvölker der Erde, wie zum Beispiel die Indianer. Dabei griffen Sie auch auf das Räucherwerk zurück, um sich auf die spirituelle Ebene zu begeben. Die Welt des Räucherns hat bis heute nichts von seiner Faszination eingebüßt, sodass viele Hexen gerne zu Räucherstäbchen oder anderem Räucherwerk greifen, welche sie in der Magie unterstützt. Rituale werden durch Räucherungen zusätzlich intensiviert, wenn Sie das passende Räucherwerk auswählen. Die Kombination aus Kerzenmagie und Räuchern können Sie bei all Ihren Ritualen anwenden und so die bestmöglichen Ergebnisse erzielen. Heutzutage gibt es eine Vielzahl an Räuchermethoden und Räucherutensilien, sodass Sie sicherlich fündig werden. Probieren Sie aus, was für Sie passt und womit Sie am besten zurechtkommen. Es kann natürlich auch sein, dass Ihnen das Räuchern nicht zusagt, und dann ist das auch in Ordnung. Sie gestalten Ihre Rituale so, wie diese Ihnen sinnvoll erscheinen. Möchten Sie Ihre Kerzenmagie mit Räucherungen auf eine völlig neue Ebene bringen, dann habe ich in diesem Kapitel zum Räuchern neben den Erklärungen auch ein paar hilfreiche Tipps zusammengestellt.

WISSENSWERTES ÜBER DAS RÄUCHERN

Es gibt zahlreiche Möglichkeiten, Räucherwerk in der Magie einzusetzen. Sie sollten sich deshalb einen Überblick verschaffen, welche Räucherrituale Sie durchführen möchten und welche Materialien Sie dazu benötigen. Grundsätzlich kann bei jedem Kerzenritual geräuchert werden. Ich persönlich nutze Räucherungen meist davor oder danach. Während meiner Rituale möchte ich mich hauptsächlich auf die Magie der Kerzen konzentrieren und mich nicht vom Rauch ablenken lassen. Ich neige nämlich oft dazu, mich von den Bewegungen des Rauches faszinieren zu lassen. Da ist es mir schon oft passiert, dass ich den Blick von meiner Kerze abgewandt habe und plötzlich meinte, den aufsteigenden Rauch analysieren zu müssen. Das war für mich dann eher kontraproduktiv. Wenn ich aber ein spezielles Ritual durchführe, bei dem das Element Luft stark vertreten sein soll, oder ich eine Gottheit anrufen möchte, greife ich immer auf Räucherwerk zurück. Das kann aber jeder so machen, wie er möchte. Räucherungen sind immer sehr faszinierend, weil sich der Rauch ständig anders entwickelt. Mal wirbelt er herum wie ein Strudel oder verteilt sich im Raum und mal steigt er ganz gerade zum Himmel hinauf. Räuchern hat zudem eine unfassbar beruhigende Wirkung. Deshalb nutze ich es meist vor meinen Ritualen, um mich einzustimmen.

Räuchermaterialien

Zum Räuchern eignen sich viele verschiedene Materialien wie Harze, Kräuter, Nadeln, Rinden, Blätter, Gewürze, Blüten oder auch Hölzer. Es gibt im Handel auch bereits fertige Räuchermischungen zu kaufen, jedoch sollten Sie darauf achten, künstliche Inhaltsstoffe zu vermeiden, da diese beim Abbrennen gesundheitsschädlich sein können. Sie möchten ja schließlich im Einklang mit der Natur arbeiten und sich keinen chemischen Gefahren aussetzen. Ihr Räucherwerk sollte naturbelassen und, wenn möglich, biologischer Herkunft sein. Sie können loses Räucherwerk, wie Blätter, Kräuter usw., direkt auf Räucherkohle platzieren. Diese Räucherkohle gibt es in Tablettenform und ist sehr einfach in der Handhabung: einfach in ein feuerfestes Gefäß legen, anzünden und durchglühen lassen. Möchten Sie weniger Rauchentwicklung erzielen, können Sie Ihr Räucherwerk auch auf ein Räucherstövchen mit Teelicht legen.

Räuchergefäße

Zum Räuchern eignen sich alle feuerfesten Gefäße, die Sie besitzen. Diese können aus Porzellan, Ton, Metall oder Stein sein. Sehr praktisch ist es, wenn diese Gefäße etwas erhöht auf Füßchen stehen oder sich darunter eine nicht brennbare Unterlage befindet. Die Hitzeentwicklung kann sonst so hoch sein, dass sich der Untergrund erhitzt. Achten Sie deshalb immer auf ein sicheres Abbrennen. Möchten Sie dennoch ein spezielles Gefäß verwenden, gibt es Räucherstövchen oder Räucherofen zu kaufen. Als Wärmeausgleich wird in die Räuchergefäße noch Quarzsand oder Strandsand eingefüllt, damit das Räucherwerk gleichmäßig abbrennen kann. Zudem sorgt der Sand dafür, dass eine ausreichende Belüftung von unten sichergestellt ist.

Räucherstäbchen/Räucherkegel

Die Anwendung von Räucherstäbchen bzw. Räucherkegeln ist sehr einfach und auch in nicht-magischen Haushalten sehr beliebt. Besonders zur Weihnachtszeit findet man hier immer ein großes Sortiment an verschiedenen Duftrichtungen. Räucherstäbchen werden auf einen speziellen Halter gesteckt, damit die Asche sicher aufgefangen wird und das Stäbchen sicher verglühen kann. Es wird an einem Ende angezündet und die Flamme wird wieder gelöscht, sodass das Stäbchen nur noch glüht. Es entwickelt sich hier ein feiner, leichter Qualm, der wunderbare Düfte freisetzt. Räucherkegel werden dagegen auf eine feuerfeste Unterlage gestellt und an der Spitze angezündet. Der Rauch, der hier entsteht, ist etwas dichter und sorgt für eine wunderbar mystische Atmosphäre. Achten Sie beim Kauf von Räucherstäbchen und Räucherkegeln unbedingt auf die Qualität. Ich empfehle Ihnen daher, auf die Herkunft und auf entsprechende Bioqualität zu achten.

Smudge Sticks

Diese Kräuterbündel werden oft zur Hausreinigung und zum Vertreiben negativer Energien genutzt. Darin enthalten sind meist weißer Salbei (Sage) oder Palo Santo (heiliges Holz). Die zusammengebundenen Räucherstäbe sehen aus wie kleine Fackeln. Sie werden entweder aufrecht in ein Räuchergefäß gestellt oder anfangs in der Hand gehalten. Dabei wird der Rauch sanft mit einer Feder im Raum verteilt. Gelöscht werden Smudge Sticks, indem man diese in Quarzsand steckt oder in ein Gefäß legt, wo sie anschließend verglühen.

Tipps für das Räuchern

- Wenn Sie ein Räucherstövchen benutzen, achten Sie darauf, geringe Mengen an Räucherwerk aufzulegen. Sonst könnte es passieren, dass sich eine zu starke Rauchentwicklung bildet.
- Räucherstövchen besitzen meist ein Metallsieb, welches nicht zu nah an der Flamme platziert werden sollte, da sich sonst besonders Räuchermischungen mit Ölen schnell entzünden können.
- Möchten Sie mit Räucherkohle arbeiten, nutzen Sie dafür eine Räucherzange, mit der Sie die Kohle über einer Kerze oder mit einem Streichholz entzünden. Legen Sie die Kohle in ein feuerfestes Gefäß. Fächeln Sie der Kohle mithilfe einer Feder genügend Luft zu, wird die Kohle schneller durchglühen. Ist die Kohle komplett mit weißer Asche überzogen, können Sie anschließend Ihr Räucherwerk darauf verteilen. Damit das Räucherwerk nicht so schnell verbrennt, streuen Sie etwas Quarzsand in die Mulde der Kohle hinein. Warten Sie unbedingt ab, bis die Kohle vollständig verglüht und abgekühlt ist, bevor Sie diese entsorgen. Wichtig ist, dass Sie diese niemals mit Wasser löschen.
- Vermeiden Sie beim Räuchern Zugluft, da der Rauch sonst zu schnell verweht. Das wäre für Ihre Rituale kontraproduktiv.
- Achten Sie beim Räuchern immer auf Ihre Sicherheit. Lassen Sie Räucherstäbchen und Co. niemals unbeaufsichtigt.
- Möchten Sie Kerzen mit dem Räuchern kombinieren, können Sie Ihr Räucherwerk mit Ihrer Ritual-Kerze anzünden. So nimmt das Räucherwerk zusätzliche Energien der Kerze auf. Umgekehrt können Sie Ihre Ritual-Kerze auch mit dem Räucherwerk reinigen und mit Energien aufladen.

- ❖ Stimmen Sie Ihr Räucherwerk unbedingt auf Ihre Ritual-Kerze und Ihr Vorhaben ab. Ihre Utensilien sollten gut miteinander harmonieren, damit Ihre Wünsche vom Universum aufgenommen werden können.
- ❖ Experimentieren Sie ruhig mit Ihrem Räucherwerk und stellen Sie sich eine eigene Mischung zusammen, die Ihren Zauber noch verstärkt. Dazu können Sie sich in der Natur bedienen und Blätter, Blüten, Kräuter, Baumrinden, Beeren usw. aufsammeln, die zu Ihren Räucherungen passen könnten.

Dabei wichtig: Sammeln Sie nur Materialien, die Sie kennen und von denen Sie wissen, dass sie keinesfalls giftig sind!

Entfalten Sie Ihr Potenzial

Nachdem Sie sich ausführlich mit den Grundlagen beschäftigt haben, kommen wir nun zum praktischen Teil dieses Buches. Die Rituale, die ich Ihnen hier vorstelle, unterliegen keinesfalls starren Vorgaben. Sie können natürlich Abläufe und Zutaten verändern, wenn Sie das Gefühl haben, dass Ihnen etwas fehlt oder es für Sie nicht stimmig genug ist. Ich würde Ihnen sogar dazu raten, erst die vorgegebenen Rituale auszuprobieren, damit Sie mehr Routine entwickeln. Danach bietet es sich an, Verbesserungen vorzunehmen oder daraus eigene Rituale zu formen. Manchmal sind Rituale wie Rezepte aus einem Kochbuch: Das Grundrezept sorgt dafür, dass hinterher das Ergebnis stimmt, die kleinen Extrazutaten geben dem Rezept noch einmal den allerletzten Schliff. Das gleiche Prinzip funktioniert auch bei magischen Ritualen. Sie halten sich an das Grundritual und perfektionieren es nach Ihren Vorstellungen. Um Ihre Rituale zu verstärken, gebe ich Ihnen für jedes Ritual Tipps, welche Kräuter und Gewürze Sie dazu räuchern können.

Noch einmal als kleine Erinnerung für Sie: Denken Sie vor jedem Ritual immer daran, die Umgebung, Ihre Utensilien und sich selbst zu reinigen. Außerdem ist das Ziehen eines Schutzkreises nie verkehrt. Ebenso unterstützt das Erden und Meditieren dabei, Ihren Geist zu klären und sich besser konzentrieren zu können. Ich wünsche Ihnen bei der Ausführung viel Erfolg und hoffe, Sie können mit diesen Ritualen viel Gutes bewirken.

LIEBE

Liebeszauber erfreuen sich schon immer großer Beliebtheit. Kein Wunder, denn fast jeder Mensch sehnt sich nach einem Partner, mit dem er sein ganzes Leben verbringen möchte. Die wahre Liebe zu finden und auf ewig in einer glücklichen Beziehung zu sein, klingt einfach märchenhaft. Da kommt ein Liebeszauber gerade richtig. So einfach ist es allerdings nicht, denn Liebeszauber sollten niemals manipulativ sein und sich nie gegen den Willen anderer Menschen richten. Das heißt, wenn Sie den netten Nachbarn verzaubern möchten, dieser aber gar kein ernstes Interesse an Ihnen hat, wird Ihr Zauber womöglich scheitern.

Das Schicksal wählt aus, für wen Sie bestimmt sind und für wen nicht. Da können Sie noch so viele Liebesrituale durchführen – es wird Ihnen nicht viel helfen. Selbst wenn Sie tatsächlich mit Ihren Liebesritualen Erfolg haben, müssen Sie sich der Konsequenzen bewusst sein. Eine andere Person, für die Ihr Schwarm bestimmt war, wird dann womöglich unglücklich werden oder ein anderes Chaos kreuzt Ihren Weg. Liebeszauber sollten daher allgemein gehalten werden und dafür sorgen, dass Sie die Liebe anziehen, die auch für Sie bestimmt ist.

Selbstliebe fördern

Sie können nur Liebe schenken, wenn Sie sich selbst lieben lernen. Mit diesem Selbstliebe-Ritual wird Ihnen das gelingen.

Material:

eine rote Kerze
ätherisches Rosenöl
ein Rosenquarzkristall
ein rosa Umschlag
eine Handvoll Rosenblätter zum Räuchern

Vorgehensweise:

1. Nehmen Sie ein Vollbad, um sich für das Selbstliebe-Ritual zu reinigen. Hier können Sie schon etwas Rosenöl ins Badewasser geben, damit Sie der Duft auch am Körper begleitet.

2. Räuchern Sie nun den gesamten Raum mit Rosenblättern. Halten Sie sieben Rosenblätter zurück, diese benötigen Sie noch für das Ritual.

3. Salben Sie die Kerze mit dem Rosenöl und stellen diese auf Ihren Altar oder auf einen anderen geeigneten Platz. Daneben legen Sie den Rosenquarzkristall.

4. Zünden Sie die Kerze an und rufen Sie sich Ihre Stärken in den Sinn. Zählen Sie sieben Eigenschaften auf, die Sie an sich selbst besonders lieben. Für jede Eigenschaft nehmen Sie ein Rosenblatt und halten es in die Kerzenflamme. Benutzen Sie hierfür am besten eine Pinzette, damit Sie sich nicht verbrennen.

5. Pusten Sie das brennende Rosenblatt aus und sprechen Sie die magischen Worte: *„Ich liebe mich selbst. Ich werde geliebt. So wie ich bin, bin ich perfekt.“*

6. Wiederholen Sie die Aktion mit den anderen sechs Rosenblättern und legen Sie diese in den rosafarbenen Umschlag. Legen Sie den Rosenquarz auf den Umschlag und sprechen Sie:

„Meine Liebe zu mir wird niemals enden. Meine Liebe zu mir ist unantastbar.“

7. Tropfen Sie anschließend etwas Kerzenwachs auf den Umschlag, um diesen zu versiegeln. Tragen Sie den Umschlag immer bei sich in Ihrer Tasche oder platzieren Sie ihn unter Ihrem Bett, damit Sie so viel Energie wie möglich übernehmen können. Den Rosenquarz legen Sie zusätzlich auf Ihren Nachttisch, um Ihre Selbstliebe zu verstärken.

Die wahre Liebe finden

Dieser Zauber wird Ihnen dabei helfen, einen passenden Partner zu finden.

Material:

ein rosafarbenes Blatt Papier
ein Bleistift
eine rosa Kerze
eventuell Räucherkohle oder Räucherstövchen
Rosenblätter und Zimt zum Räuchern

Vorgehensweise:

1. Legen Sie die Rosenblätter auf die entzündete Räucherkohle oder in das Sieb des Räucherstövchens. Fächeln Sie den Duft der Rosenblätter durch den ganzen Raum. Sprechen Sie mit klarer und deutlicher Stimme:
„Dieser Ort soll Liebe finden, dieser Ort soll Liebe empfangen, dieser Ort soll Liebe festhalten."
2. Zünden Sie danach die rosafarbene Kerze mit einem Streichholz an und visualisieren Sie, wie Sie sich Ihre zukünftige Beziehung vorstellen.
3. Schreiben Sie auf den Zettel Ihren Namen und daneben ein Liebessymbol, wie zum Beispiel ein Herz. Nehmen Sie dann die Kerze und träufeln Sie auf das Papier etwas Wachs, während Sie versuchen, so viel Energie wie möglich in das Blatt Papier fließen zu lassen. Dabei sagen Sie folgenden Spruch:
„Ich werde dich finden, wir werden eins, in Zweisamkeit vereint."
Stellen Sie sich dabei vor, wie Sie Ihrem zukünftigen Partner begegnen und Sie ein glückliches Pärchen werden.
4. Lassen Sie die Kerze bis zum Schluss abbrennen und wenden Sie sich an das Universum mit den Worten:
„So soll mein Wunsch erhört werden und ich die wahre Liebe finden. So soll es sein."
5. Das Blatt Papier entsenden Sie noch am selben Tag in die Natur hinaus. Sie können es verbrennen und die Asche verstreuen oder Sie vergraben es in der Nähe eines Baumes.

Liebeskummer bekämpfen

Wenn Sie unglücklich verliebt sind oder gerade Stress in Ihrer Beziehung haben, probieren Sie dieses Ritual aus:

Material:

eine blaue Kerze
eine Feder
eventuell Kardamom zum Räuchern

Vorgehensweise:

1. Räuchern Sie den Raum mit Kardamom, da dieses Gewürz besonders stärkend und beruhigend wirkt. Atmen Sie tief durch und schließen Sie die Augen. Stellen Sie sich nun Ihren Schwarm vor Ihrem geistigen Auge vor. Denken Sie daran, wie sehr Sie von ihm verletzt wurden oder warum die Beziehung nicht zustande gekommen ist.

2. Entzünden Sie die blaue Kerze und halten Sie diese in der linken Hand. Nehmen Sie die Feder in die rechte Hand. Fokussieren Sie Ihren Blick auf die Kerze und wenden Sie Ihre Augen nicht ab.

3. Zählen Sie jetzt alle Punkte auf, warum Sie die Beziehung zu diesem Menschen nicht brauchen. Fächeln Sie dann nach jedem Punkt mit der Feder von Ihnen in Richtung Kerze. Sie übertragen jetzt den Liebeskummer auf die Kerze und erleichtern sich von Ihren Sorgen. Achten Sie darauf, dass Sie die Flamme mit der Feder nicht erwischen!

4. Danach zählen Sie alle positiven Eigenschaften auf, die Ihr zukünftiger Partner für Sie bereithalten sollte. Die Feder sollte sich jetzt von der Kerze in Ihre Richtung bewegen. Sie empfangen jetzt die positiven Energien, die sich um Sie herum befinden.

5. Zum Schluss pusten Sie die Kerze kraftvoll aus und schicken den Liebeskummer von Ihnen fort.

6. Die Kerze stellen Sie zu Hause als Symbolträger an Ihren Lieblingsplatz. Immer, wenn Sie die Kerze anzünden, werden Sie daran erinnert, dass Sie Ihrem Schwarm nicht hinterhertrauern und optimistisch in die Zukunft blicken sollten.

Annäherungszauber für Paare

Möchten Sie und Ihr Partner sich wieder annähern, weil Ihre Beziehung auf die schiefe Bahn geraten oder anderweitig aus dem Ruder gelaufen ist, können Sie folgenden Zauber anwenden:

Material:

zwei rote Kerzen
Hibiskus und Kakao zum Räuchern

Vorgehensweise:

1. Stellen Sie die zwei roten Kerzen, mit einem großen Abstand zueinander, auf ihren Altar oder auf die Fensterbank.

2. Räuchern Sie zuerst den gesamten Raum mit Hibiskus und Kakao. Der Hibiskus steht für die Festigung Ihrer Partnerschaft, während der Kakao anziehend und belebend wirkt.

3. Jeden Abend entzünden Sie dann die Kerzen und stellen sich vor, dass jeweils eine Kerze für Sie und die andere für Ihren Partner steht. Um die Kerzen klar zu markieren, können Sie Ihren und den Namen Ihres Partners in das Wachs hineinritzen. Visualisieren Sie die Art von Beziehung, die Sie sich von nun an wünschen, und schieben Sie die Kerzen jeden Abend ein Stückchen weiter zusammen.

4. Wiederholen Sie dieses Ritual an drei aufeinanderfolgenden Tagen. Am günstigsten ist hierfür die Zeit des zunehmenden Mondes.

5. Treffen die Kerzen am dritten Abend aufeinander, lassen Sie diese komplett abbrennen und sprechen dazu:

„Unsere Liebe soll wieder erwachen, das Feuer soll Leidenschaft entfachen. Unser Vertrauen wird wieder erweckt und die Zuneigung wieder entdeckt. Erhöre meinen Wunsch und lass dies mein, in Zukunft glückliche Beziehung sein."

6. Wenn die Kerzen heruntergebrannt sind, trennen Sie von den Kerzen zwei kleine Wachsstücke ab und ritzen Ihre und die Initialen Ihres Partners darauf. Tragen Sie das Wachsstück mit den Initialen Ihres Partners immer bei sich. Das andere schenken Sie Ihrem Partner.

Mehr Leidenschaft in der Beziehung

Sie benötigen mehr Schwung in Ihrem Liebesleben? Dann kann dieses Ritual Ihnen sicherlich helfen.

Material:

zwei rosafarbene Kerzen
Rosenöl
ein Blatt Papier
ein Bleistift
Damiana und Tonkabohne zum Räuchern

Vorgehensweise:

1. Reiben Sie die Kerzen mit dem Rosenöl ein und ritzen Sie danach die Symbole Ihrer Geschlechter in die Kerzen.

2. Für dieses Ritual eignet sich zum Räuchern idealerweise die Heilpflanze Damiana, da ihr eine aphrodisierende Wirkung nachgesagt wird. Tonkabohne erhöht die Sinnlichkeit und erzeugt ebenfalls sexuelle Spannungen.

3. Schreiben Sie auf das Blatt Papier jeweils den Anfangsbuchstaben Ihres Namens und jenen des Namens Ihres Partners.

4. Entzünden Sie beide Kerzen und visualisieren Sie, wie Ihr Liebesleben aussehen soll. Lassen Sie all Ihre Fantasien zu und stellen Sie sich detailliert vor, wie Sie und Ihr Partner Ihre Leidenschaft wiederfinden.

5. Schieben Sie die Kerzen ganz dicht aneinander, während Sie folgenden Spruch aufsagen:

„Erhöre mich, Venus, und wache über mich. Lust und Liebe soll uns vereinen. Schenke uns deine Kraft und sorge dafür, dass sich unsere Lenden nacheinander verzehren."

6. Tropfen Sie nun das Wachs beider Kerzen auf das Blatt Papier und denken Sie zurück an Ihre schönste Liebesnacht. Legen Sie das Papier dann unter Ihr Bett. Schon bald wird sich Ihr Liebesleben verbessern.

Eine Trennung verarbeiten

Wenn das Ende einer Beziehung gekommen ist, wird Ihnen dieser Zauber helfen, den Trennungsschmerz zu überwinden.

Material:

zwei weiße Kerzen
eine Schere
eine rote Schnur
Kardamom und Thymian zum Räuchern

Vorgehensweise:

1. Stellen Sie die beiden weißen Kerzen nebeneinander auf, sodass ein kleines bisschen Platz dazwischen bleibt.

2. Knoten Sie die rote Schnur mittig um beide Kerzen. Die Schnur sollte gut gespannt sein und nicht herunterrutschen.

3. Schließen Sie die Augen und formen Sie das Bild, wie sich Ihr Ex-Partner von Ihnen entfernt und Sie sich von ihm abwenden. Sprechen Sie folgenden Spruch, während Sie die Kerze entzünden:

„Was war, ist vorbei. Was kommt, soll geschehen. Was bleibt, ist vergangen."

4. Legen Sie nun Ihre Hände auf Ihr Herz und spüren Sie, wie die Liebe zu Ihrem Ex-Partner in Ihre Hände wandert. Sie befreien sich von der alten Liebe und senden diese an die Kerzen, indem Sie die Hände auf die Kerzen richten.

„Vorbei ist die Liebe, ich lasse dich ziehen. Mein Herz ist jetzt befreit."

5. Nehmen Sie die Schere und schneiden Sie den roten Faden zwischen den Kerzen durch. Dazu sprechen Sie:

„Getrennt ist nun die Liebe, getrennt ist nun der Geist. So soll es sein."

6. Trennen Sie die beiden Kerzen und stellen Sie diese weit auseinander. Besser ist es, wenn Sie die Kerzen räumlich trennen und anschließend sicher abbrennen lassen.

GELD, WOHLSTAND & FÜLLE

Sorgen Sie sich manchmal um Ihre finanzielle Zukunft und würden gerne mehr Geld anziehen? Dieses Gefühl kenne ich nur zu gut. Geldsorgen können enorm belastend sein und wie verlockend wäre es doch, wenn Sie einfach ein passendes Ritual auswählen, damit sich Ihr Konto wieder auffüllt. Magie kann Ihnen dabei helfen, ist aber nicht allein entscheidend für Ihren Erfolg. Denn wenn Sie etwas anziehen möchten, müssen Sie auch bereit sein, positive Energien auszusenden, um ans Ziel zu gelangen. Bestimmt haben Sie schon einmal vom Gesetz der Anziehung gehört? Dieses besagt: Wenn man etwas aussendet, kommt auf dieser Ebene auch etwas zurück. Im Grunde bedeutet das: Wenn Sie nur nehmen und nichts geben möchten, werden Sie auch nichts erhalten. Ihre Zauber werden wirkungslos bleiben, wenn Sie nur auf Ihren Vorteil bedacht sind und sich nicht um andere Menschen kümmern. Ihr finanzieller Erfolg hängt deshalb nicht nur von perfekten Zaubersprüchen ab, sondern auch Ihre Einstellung dazu muss passen. Sie wünschen sich mehr Geld? Also sollten Sie anderen Menschen dabei helfen, Strategien zu finden, ihre Schulden zu beseitigen. Sie möchten mehr materiellen Besitz erzielen? Also ist es vielleicht eine gute Idee, anderen Menschen dabei zu helfen, Ihren Besitz beispielsweise mit Ausmisten zu verkleinern. Geld und Wohlstand sind nicht alles und vielleicht mögen Sie Ihre Rituale auch als Hilfestellung für andere Menschen anwenden. Dies ist ebenso eine gute Möglichkeit, dem Universum mitzuteilen, dass Sie ebenfalls an der Reihe sind, finanzielle Freiheit zu erlangen, weil Sie sich um das Wohl Ihrer Mitmenschen sorgen. Die hier aufgeführten Rituale dürfen Sie auch für sich selbst anwenden, dagegen spricht absolut nichts. Nur muss Ihnen immer bewusst sein, dass der Besitz, den Sie durch Ihre Rituale erlangen, einem anderen Menschen vielleicht genommen wird. Deshalb bin ich der Auffassung, dass Rituale, die Geld und Wohlstand anziehen, am besten als Ritual für die Allgemeinheit ausgeführt werden sollten. Das heißt: Sie möchten mit Ihrem Ritual eine bessere finanzielle Lage erzielen? Warum sprechen Sie dann nicht für Ihre gesamte Familie und Ihre Freunde? Diese könnten doch auch von Ihren magischen Fähigkeiten profitieren und so wären dann alle glücklich und zufrieden.

Geld anziehen

Dieses Ritual eignet sich, wenn Sie Ihre Finanzen verbessern möchten.

Material:

ein Magnet
eine grüne Kerze
eine Münze
ein Stoffsäckchen
ein kleiner frischer Basilikum-Zweig
Safran zum Räuchern

Vorgehensweise:

1. Legen Sie den Magneten, den Basilikum-Zweig und die Münze in das Stoffsäckchen. Basilikum klärt Ihre Finanzen und hilft Ihnen bei einem finanziellen Neuanfang. Platzieren Sie das Säckchen bei Neumond auf Ihrer Fensterbank. Warten Sie mit dem Ritual bis zum nächsten Vollmond. So lange muss das Säckchen auf der Fensterbank verbleiben.

2. Entzünden Sie beim nächsten Vollmond die grüne Kerze und räuchern Sie den Raum mit Safran. Das Gewürz soll den Energiefluss zum Geld wiederherstellen und für eine stärkere Anziehungskraft sorgen.

3. Stellen Sie sich vor, wie sich Ihr Geld vermehrt und sich Ihre Geldsorgen in Luft auflösen.

4. Holen Sie nun den Magneten und die Münze heraus. Halten Sie die Münze in der rechten Hand und den Magneten in der linken Hand. Führen Sie beides zusammen, während Sie folgenden Spruch aufsagen und sich vorstellen, wie die Energie aus Ihrem Körper in die beiden Gegenstände hinabfließt:

„Große Göttin des Mondes, vermehre den Reichtum und schenke Wohlstand. Erhöre meinen Wunsch. Wie dieser Magnet, so möchte auch ich Reichtum anziehen. So soll es geschehen."

5. Nehmen Sie dann den Basilikum-Zweig und vergraben Sie diesen in der Erde. Sie können ihn auch in einen Blumentopf mit Erde stecken und regelmäßig gießen. Die Münze verschenken Sie weiter und schon bald wird sich Ihre finanzielle Situation bessern.

Erfolg im Job

Sie möchten Ihre berufliche Zukunft positiv beeinflussen und wünschen sich beispielsweise eine Beförderung? Dann wird Ihnen dieser Zauber helfen, Ihre beruflichen Ziele zu erreichen.

Material:

eine orangefarbene Kerze
ein Glöckchen
Ingwer und Nelken zum Räuchern

Vorgehensweise:

1. Diesen Zauber führen Sie am besten an sieben aufeinanderfolgenden Tagen aus. Die Tageszeit sollte dabei immer gleich sein. Wenn Sie das Ritual abends ausführen möchten, können Sie auch die Energie der Sterne einfließen lassen, indem Sie das Ritual unter freiem Himmel durchführen.

2. Zünden Sie die orangefarbene Kerze an und stellen Sie diese vor Ihre Füße.

3. Das Glöckchen nehmen Sie dabei in die rechte Hand und halten es in Richtung Kerze.

4. Schließen Sie die Augen und visualisieren Sie, welchen Erfolg Sie bei Ihrem Job anstreben möchten. Sie müssen das Bild ganz klar vor Augen haben. Vielleicht ist es eine Beförderung, eine bessere Bezahlung oder mehr Harmonie am Arbeitsplatz. Formen Sie Ihren Wunsch in Gedanken und sprechen Sie ihn dann aus.

5. Anschließend läuten Sie das Glöckchen und gehen komplett um die Kerze herum. Wiederholen Sie diesen Ablauf dreimal.

6. Zünden Sie die Kerze dann jeden Morgen, bevor Sie zur Arbeit gehen, kurz an, um sich an Ihren Wunsch zu erinnern. Das Glöckchen stecken Sie in Ihre Tasche und nehmen es zu Ihrem Arbeitsplatz mit. Der Erfolg wird nicht lange auf sich warten lassen.

Das Glück anziehen

Manchmal fühlen Sie sich vom Pech verfolgt und wünschen sich, dass auch Sie mit Glück gesegnet sind? Ein kleines Glücksritual wird Sie dabei unterstützen.

Material:

eine gelbe Kerze
eine grüne Kerze
eine kleine Schale mit Wasser
Salz
ein Stück Papier
ein Bleistift
eine Handvoll Minzblätter zum Räuchern

Vorgehensweise:

1. Legen Sie die Minzblätter zum Räuchern bereit. Wenn Sie die Minze zerdrücken, wird das ätherische Öl freigesetzt und die Wirkung noch intensiviert. Minze soll allgemein Glück bringen und dafür sorgen, dass alle negativen Einflüsse von Ihnen ferngehalten werden.
2. Stellen Sie jetzt die Schale mit dem Wasser zwischen die beiden Kerzen.
3. Schreiben Sie auf den Zettel, was Sie sich für Ihre Zukunft wünschen. Formulieren Sie dabei so genau wie möglich und nutzen Sie keine Verallgemeinerungen.
4. Entzünden Sie beide Kerzen und legen Sie den Zettel in die Schale mit dem Wasser. Der Zettel sollte obenauf schwimmen.
5. Schließen Sie die Augen und denken Sie ganz fest an Ihren Wunsch.
6. Nehmen Sie das Salz und streuen Sie es auf den Zettel. Seien Sie mit dem Salz nicht geizig. Sprechen Sie dabei folgende Worte:

„Glück sei auf meiner Seite. Glück sei mir treu.

Die Göttin Fortuna sucht mich auf und wird mich finden.

Ich bitte um die Erfüllung meines Wunsches.

Auf das mich das Glück immer wieder heimsucht.“

7. Alternativ können Sie auch Ihren Wunsch so lange wiederholen, bis der Zettel im Wasser versunken ist.
8. Zum Abschluss tropfen Sie etwas Wachs der beiden Kerzen auf Ihren Zettel.

Schulden loswerden

Wenn Sie Schulden haben und diese schnell wieder loswerden möchten, wenden Sie dieses Ritual möglichst in der Zeit des abnehmenden Mondes an.

Material:

eine lila Kerze
ein Geldschein
eine Büroklammer
ein Blatt Papier
ein Bleistift
Salbei und Weihrauch zum Räuchern

Vorgehensweise:

1. Sie sollten den Raum vor diesem Ritual unbedingt einer gründlichen Reinigung mit Salbei unterziehen. Zusätzlich hilft Weihrauch dabei, alle positiven Energien zu verstärken. Und diese Energien werden Sie auch brauchen, wenn Sie schuldenfrei werden wollen.

2. Schreiben Sie die Summe Ihrer Schulden auf das Papier und auch, welche Absicht Sie verfolgen möchten. Stellen Sie die lila Kerze auf das Blatt Papier und zünden Sie diese an. Achten Sie dabei unbedingt auf eine feuerfeste Unterlage bzw. platzieren Sie die Kerze in einem Kerzenständer oder Ähnliches.

3. Visualisieren Sie nun, wie Ihre Schulden immer weniger werden und Sie schlussendlich schuldenfrei sind. Überlegen Sie sich, welches Gefühl Sie mit diesem Umstand verbinden, und sprechen Sie dieses laut aus.

4. Wenn die Kerze heruntergebrannt ist, nehmen Sie das Blatt Papier und heften es mit einer Büroklammer an den Geldschein, sodass beide bequem in Ihre Geldbörse passen. Der Geldschein darf nicht ausgegeben werden, sonst funktioniert der Zauber nicht.

MEDIALE FÄHIGKEITEN & HELLSINNE

Spirituelle Fähigkeiten besitzt jeder Mensch. Allerdings wissen die meisten nicht, wie sie diese Fähigkeiten nutzen, geschweige denn entdecken sollen. Oft wenden die Menschen diese Gaben unbewusst an und verstehen nicht, weshalb manche Dinge geschehen. Schnell wird dann eine Erklärung gesucht und die Möglichkeit der Spiritualität durch Rationalität im Keim erstickt. Und dabei hat die Magie so einiges zu bieten, wenn man sich intensiv mit ihr auseinandersetzt. Wird die eigene Sensitivität gefördert, ist es möglich, außersinnliche Erfahrungen zu machen und auf eine höhere spirituelle Bewusstseinsebene zu gelangen. Zu den normalen Sinnen gehören Tasten, Riechen, Hören, Schmecken und Sehen. Darüber hinaus gibt es aber noch eine Erweiterung, den sogenannten sechsten Sinn. Dieser zeichnet sich dadurch aus, dass Fähigkeiten sichtbar werden, die durch die eigene Intuition gesteuert werden. Diese medialen Fähigkeiten zeigen sich auf ganz unterschiedliche Weise:

- Hellsehen, Hellwissen, Hellhören, Hellschmecken oder Hellfühlen
- sehr stark ausgeprägte Empathie gegenüber Lebewesen
- Gedankenlesen
- die Kontaktaufnahme zur Geisterwelt
- das Erspüren von Energien
- die Übertragung fremder Energien auf sich selbst

Ihre spirituellen Fähigkeiten können Sie jederzeit ausbauen. Dazu müssen Sie lernen, auf Ihr Bauchgefühl zu hören, damit Sie eine tiefere Verbindung zu Ihrem Unterbewusstsein herstellen können. Es kann am Anfang vielleicht etwas frustrierend sein, wenn Sie nicht die erhofften Fortschritte machen. Spiritualität ist etwas, das man nicht erzwingen kann – vor allem dann nicht, wenn Sie gestresst sind oder sich unter Druck setzen. Gehen Sie ganz entspannt an dieses Thema heran und erwarten Sie erst einmal nichts. Je lockerer Sie sind, desto leichter fällt es Ihnen, Ihre medialen Fähigkeiten zu empfangen. Das kann zum Beispiel durch einen symbolträchtigen Traum geschehen oder durch eine plötzliche Eingebung. Wenn Sie nichts erzwingen, werden Sie schneller an Ihr Ziel gelangen. Damit Sie Ihre Wahrnehmung trainieren können, habe ich Rituale für Sie zusammengestellt, die Sie Ihrem sechsten Sinn näherbringen.

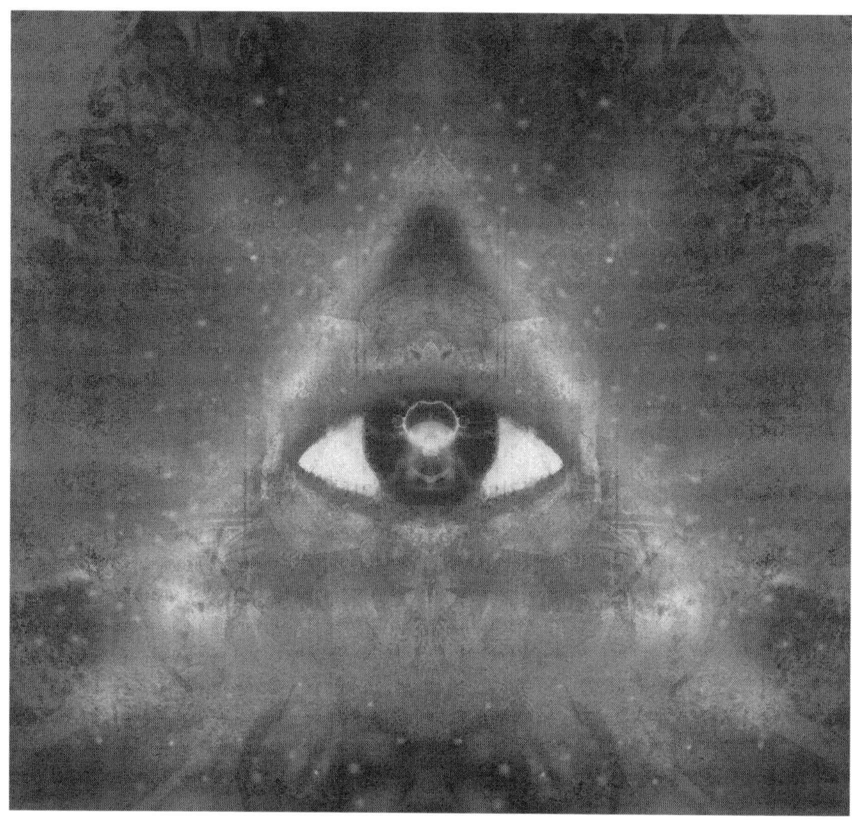

Die eigenen Kräfte entfesseln

In jedem Menschen schlummern ungeahnte Kräfte. Entdecken auch Sie Ihre Kräfte und nutzen Sie dieses Ritual, wann immer Ihnen danach ist.

Material:

eine silberne Kerze
Lavendel und Veilchen zum Räuchern

Vorgehensweise:

1. Lavendel soll beruhigend und klärend auf den Geist wirken. Alternativ, wenn Ihnen dieser Duft nicht zusagt, können Sie auch Salbei verwenden. Veilchenblüten werden gerne geräuchert, um neue Erkenntnisse zu sammeln, und diese Erkenntnisse möchten Sie nach diesem Ritual ja auch erhalten.

2. Die silberne Kerze, welche die spirituellen Fähigkeiten unterstützt, stellen Sie in die Mitte des Raumes, möglichst auf den Boden. Setzen Sie sich im Schneidersitz vor die Kerze und meditieren Sie so lange, wie Sie möchten. Danach stehen Sie auf, stellen sich vor die Kerze und versuchen, die Energie in Ihrem Körper zu lokalisieren: An welchen Stellen des Körpers spüren Sie Hitze oder Kälte? Kribbelt es irgendwo oder bemerken Sie andere Besonderheiten? Wie fühlt sich Ihr Kopf gerade an? Sie müssen Ihre Wahrnehmung dabei komplett auf Ihren Körper richten. Vielleicht erscheinen Ihnen ja urplötzlich irgendwelche Gedanken oder es entstehen Gefühle, die Sie zuvor noch nicht kannten? Manch einer erhält sogar ein Zeichen außerhalb des eigenen Körpers. Das kann beispielsweise ein Geräusch oder ein Duft sein. Bleiben Sie in jedem Fall geduldig.

3. Im nächsten Schritt machen Sie sich frei von allen Gedanken. Legen Sie sanfte Musik auf und tanzen Sie um die Kerze herum. Sprechen Sie dabei die folgenden Worte:

„Schon bald werde ich erkennen,
meine Gabe einst versteckt,
ich löse innere Knoten,
meine Kraft, sie wird entdeckt."

4. Beenden Sie das Ritual mit einer weiteren Meditation und stellen Sie die Kerze auf Ihren Nachttisch. Zünden Sie die Kerze an drei aufeinanderfolgenden Abenden an und wiederholen Sie das Ritual.

Die Zukunft deuten

Das Pendel kann Fragestellungen zu Ihrem zukünftigen Leben beantworten. Wie das Ganze funktioniert, erfahren Sie in diesem Ritual.

Material:

zwei weiße Kerzen
ein Bergkristall oder alternativ ein Pendel
eine weiße Schnur
ein Blatt Papier
ein Bleistift
ätherisches Minzöl
Weihrauch zum Räuchern

Vorgehensweise:

1. Nachdem Sie den gesamten Raum mit Weihrauch geräuchert haben, verdunkeln Sie den Raum zusätzlich.

2. Zeichnen Sie auf das Blatt Papier einen großen Kreis. Schreiben Sie dann die Wörter „Ja“ und „Nein“ jeweils gegenüber an den Rand des Kreises.

3. Suchen Sie sich einen ruhigen Platz und nehmen Sie sich genügend Zeit für Ihre Zukunftsdeutung.

4. Laden Sie den Bergkristall mit Ihrer Energie auf, indem Sie ihn in Ihren Händen reiben und mit positiven Gedanken auffüllen. Binden Sie den Bergkristall anschließend an die Schnur.

5. Legen Sie das Blatt auf Ihren Altar oder auf einen Tisch. Setzen Sie sich ganz bequem hin und achten Sie darauf, dass Sie nicht angespannt oder verärgert sind. Es könnte sonst sein, dass Sie keine eindeutigen Antworten erhalten. Sich vorher zu erden, ist also immer eine gute Idee. Ihre Haltung ist ebenfalls entscheidend für einen gelungenen Energiefluss. Lassen Sie Ihren Körper nicht hängen und stellen Sie die Füße fest auf den Boden, um den Kontakt zur Erde herzustellen.

6. Salben Sie die weißen Kerzen mit dem Minzöl, welches belebend und energetisch wirkt. Platzieren Sie die Kerzen jeweils rechts und links von Ihnen und entzünden Sie diese dann.

7. Nehmen Sie Ihr Pendel in die Hand und legen Sie Ihren Ellenbogen auf dem Tisch ab, sodass die Hand locker über dem Blatt verweilt. Mit der anderen Hand halten Sie das Pendel fest und lassen es erst los, wenn Sie eine Ihrer Fragen gestellt haben. Wichtig ist, dass Sie nur Fragen stellen, die mit Ja oder Nein beantwortet werden können.

8. Beginnen Sie mit Ihren Fragen und stoßen Sie das Pendel nicht von allein an. Es wird irgendwann seinen Rhythmus finden und sollte anfangs locker zwischen Daumen und Zeigefinger gehalten werden.

9. Wenn Sie genügend Kontakt mit Ihrem Unterbewusstsein aufgenommen haben und das Ritual beenden möchten, tropfen Sie etwas Wachs in den Kreis des Blattes und bedanken Sie sich für die Zusammenarbeit. Reinigen Sie das Pendel nach jedem Gebrauch, indem Sie es mit Weihrauch räuchern.

Kontakt zu Ahnen aufnehmen

Sie möchten Ihren Ahnen (Verstorbenen) Respekt erweisen oder sich mit ihnen verbinden? Dieses Ritual vollziehen Sie mit der Kraft des Feuers.

Material:

zwei silberne Kerzen
ätherisches Wacholderöl
ein Foto Ihrer Ahnen
ein Spiegel
Beifuß zum Räuchern

Vorgehensweise:

1. Beifuß soll Ihre medialen Fähigkeiten fördern und dazu beitragen, den Kontakt mit Ihren Ahnen zu intensivieren. Er ist für dieses Ritual also das perfekte Heilkraut zum Räuchern.

2. Die beiden Kerzen salben Sie zunächst mit dem Wacholderöl. Dieses ätherische Öl steigert Ihre Konzentration und hilft Ihnen, fokussiert zu bleiben.

3. Legen Sie den Spiegel hin und platzieren Sie darauf das Foto Ihrer Ahnen. Das Foto sollte sich dabei sozusagen selbst im Spiegel ansehen.

4. Entzünden Sie die Kerzen und rufen Sie sich das Bild Ihrer Ahnen ins Gedächtnis. Sobald Sie diese fest visualisiert haben, stellen Sie die Kerzen auf das Foto.

5. Kommunizieren Sie mit Ihren Ahnen über die Flammen. Sprechen Sie mit ihnen und beobachten Sie das Feuer genau: Welche Reaktionen zeigen die Kerzen? Welche Botschaften empfangen Sie?

6. Bedanken Sie sich zum Abschluss unbedingt bei Ihren Ahnen und wünschen Sie Ihnen das Beste. Dazu können Sie sprechen:
„Mein Dank geht ins Jenseits hinaus. Ich wünsche euch/dir Frieden in Ewigkeit.“

Jemandem positive Energien übertragen

Gibt es jemanden in Ihrem Bekanntenkreis, der gerade spirituellen Beistand benötigt und von negativen Energien heimgesucht wird? Schenken Sie diesem Menschen positive Energie, indem Sie das Universum bei zunehmendem Mond um Hilfe bitten.

Material:

eine silberne Kerze
eine orangefarbene Kerze
ein orangefarbenes Band
ätherisches Zedernöl
Eisenkraut zum Räuchern

Vorgehensweise:

1. Reiben Sie zunächst das orangefarbene Band mit dem Zedernöl ein und denken Sie dabei an die Person, für die dieses Ritual bestimmt ist. Dieses Öl wirkt heilend auf Geist und Körper. Die beiden Kerzen salben Sie ebenfalls mit dem Zedernöl, um die heilsame Wirkung zu verstärken. Außerdem sollten Sie den Anfangsbuchstaben Ihres Namens in die orangefarbene Kerze ritzen und den Anfangsbuchstaben der anderen Person in die silberne Kerze.

2. Laden Sie das Band mit positiven Energien auf, indem Sie dieses in der Hand halten und all Ihre Wünsche aufsagen, die Ihnen zu der betroffenen Person einfallen. Legen Sie das Band danach zwischen die beiden Kerzen und berühren Sie zuerst die silberne und danach die orange Kerze.

3. Visualisieren Sie, wie Ihre Energie von der orangefarbenen Kerze zur silbernen Kerze wandert. Nehmen Sie danach das Band und legen Sie dieses um die silberne Kerze. Wenn die Kerze heruntergebrannt ist, sind die positiven Energien in das Band übergesprungen.

4. Verschenken Sie das Band an die betroffene Person. Diese sollte das Band für mindestens drei Tage nah bei sich tragen.

MENTALE KLARHEIT

Ihr Geist braucht manchmal eine Pause. Im Alltag werden Sie sehr gefordert und ständig prasselt eine enorme Flut an Reizen auf Sie ein. Da ist es nur verständlich, wenn Sie sich nach mehr Ruhe sehnen. Ich kenne das nur zu gut. Wenn ich im Job sehr eingespannt war und sich dann auch noch im Privatleben einiges ereignete, hätte ich am liebsten laut schreien können. Oft war meine innere Anspannung so stark, dass ich kaum dazu in der Lage war, die schönen Dinge um mich herum wahrzunehmen. Ich war außerdem ziemlich unproduktiv, weil ich mir mehrere Aufgaben gleichzeitig auferlegte. Ich hatte das Gefühl, nichts zustande zu bringen, obwohl ich so beschäftigt war. Die Hektik und der Stress waren zudem dafür verantwortlich, dass meine Rituale in keiner Weise funktionierten, ich mich nicht erden konnte und gleichzeitig meine Gesundheit darunter litt. Deshalb habe ich für mich Rituale eingeführt, die hauptsächlich Meditation und Atemübungen beinhalten. Jedes Ritual wäre sonst zum Scheitern verurteilt gewesen, hätte ich die Magie nicht mit Entspannungstechniken kombiniert. Wenn es Ihnen manchmal auch so ergeht und Sie Ihren Geist klären möchten, empfehle ich Ihnen, die Rituale direkt nach dem Aufstehen auszuführen. Sie beginnen Ihren Tag dann direkt mit Entschleunigung und das hat wiederum positive Auswirkungen auf Ihre Aura und auf Ihren Tagesablauf.

Anti-Stress-Meditation

Wenn Sie körperlich erschöpft sind und auch auf mentaler Ebene entspannen möchten, kann Sie dieses Ritual dabei unterstützen.

Material:

eine blaue Kerze
Pfefferminze zum Räuchern
ein Kissen
Salz

Vorgehensweise:

1. Räuchern Sie vor Ihrer Meditation mit Pfefferminze. Diese Pflanze soll den Geist schärfen und zugleich beruhigend wirken.

2. Platzieren Sie das Kissen auf dem Boden, möglichst an einem Platz, an dem Sie aus dem Fenster schauen oder in den Himmel blicken können. Setzen Sie sich auf das Kissen und streuen Sie mit dem Salz einen Schutzkreis um sich herum.

3. Die blaue Kerze, welche für Beruhigung und einen geistigen Neuanfang steht, stellen Sie mittig vor sich hin. Entzünden Sie diese und schließen Sie die Augen. Sprechen Sie nun:

„Ich lasse vollkommen los und das Universum wird mir dabei helfen.“

4. Atmen Sie tief ein und aus. Ihre Hände sollten dabei nicht verkrampft sein, sondern locker auf Ihren Beinen aufliegen.

5. Formen Sie im Geiste einen kleinen hellen Punkt, auf den Sie sich konzentrieren. Ich stelle mir beispielsweise gern einen kleinen Feuerball vor. Vielleicht haben Sie auch ein Krafttier, das Sie sich ins Gedächtnis rufen möchten, oder Sie stellen sich einen paradiesischen Ort vor. Erlaubt ist alles, was Sie glücklich macht und Sie vom Alltagsstress ablenkt. Versuchen Sie dabei, nicht wieder in negative Gedanken abzuschweifen. Es geht hier darum, dass Sie sich völlig frei machen von allen Gedanken oder Sorgen, die Sie belasten. Während der Meditation können Sie leise eine Melodie summen. Die Schwingungen werden durch Ihren ganzen Körper gesendet und tragen zur Entspannung bei.

6. Verbleiben Sie in dieser Position so lange, wie Sie möchten. Wenn Sie Ihre Meditation beendet haben, sprechen Sie folgenden Spruch und schauen in den Himmel: *„Die Last fällt von meinen Schultern ab und ich sende Sie fort.“*

7. Löschen Sie die Kerze und fächeln Sie den Rauch von sich weg.

Positivität fördern

An schwierigen Tagen benötigen Sie mehr Zuversicht als sonst. Mit diesem Zauber unterstützen Sie positive Gedanken und Gefühle.

Material:

eine orangefarbene Kerze
eine gelbe Kerze
Ihr Lieblingsgetränk
ätherisches Zitronenöl
Zitronengras zum Räuchern

Vorgehen:

1. Zitronengras eignet sich beim Räuchern für das Aussenden von positiven Energien besonders gut. Zitronengras soll demnach Zufriedenheit und Hoffnung schenken.

2. Salben Sie die Kerzen mit dem Zitronenöl. Während Sie die Kerzen mit dem Öl einreiben, laden Sie diese mit positiven Gefühlen auf, indem Sie an etwas Schönes denken.

3. Füllen Sie Ihr Lieblingsgetränk in ein Glas und stellen Sie dieses zwischen die orangefarbene und die gelbe Kerze. Die orangefarbene Kerze steht für Zuversicht und Fröhlichkeit und die gelbe Kerze symbolisiert das Licht Ihrer Lebensenergie.

4. Entzünden Sie die beiden Kerzen und schieben Sie diese so nah wie möglich an Ihr Glas heran.

5. Halten Sie eine Hand über das Glas und schließen Sie die Augen. Vor Ihrem geistigen Auge stellen Sie sich vor, wie sich Ihr Getränk mit positiven Energien füllt. Einfacher wird das, wenn Sie an schöne Momente aus Ihrem Leben denken.

6. Trinken Sie zum Schluss das Glas leer und spüren Sie, wie sich die positiven Energien in Ihrem Körper verteilen. Die Kerzen lassen Sie komplett herunterbrennen.

Dankbarkeitsritual

Möchten Sie einer Gottheit, einem Menschen oder Ihnen selbst Dankbarkeit entgegenbringen? Führen Sie dieses Kerzenritual aus.

Material:

eine gelbe Kerze
Weihrauch zum Räuchern

Vorgehensweise:

1. Bevor Sie mit dem Ritual beginnen, sollten Sie den Raum mit Weihrauch räuchern, besonders dann, wenn Sie einer Gottheit Ihre Dankbarkeit zeigen möchten. Weihrauch reinigt und sorgt dafür, dass göttliche Energien besonders gut fließen.

2. Ihre Kerze sollten Sie vorher drei Nächte mit dem Licht des zunehmenden Mondes aufgeladen haben. Dazu können Sie die Kerze einfach nach draußen auf Ihre Fensterbank stellen.

3. Entzünden Sie die Kerze und rufen Sie sich das Bild desjenigen vor Augen, dem Sie Dankbarkeit entgegenbringen möchten.

4. Zählen Sie alles auf, wofür Sie sich bedanken möchten, und schließen Sie Ihren Zauber mit den nachfolgenden Worten ab:

„Ich danke dir (Name einfügen) für deine Präsenz,
du hast mir Energie geschenkt,
du bist für mich unentbehrlich und so soll es auch immer sein.“

5. Wenn Sie einer Gottheit danken, können Sie noch ein kleines Opfer darbringen. Das können beispielsweise Früchte, ein selbst gebackener Kuchen oder ein Getränk sein, welches Sie im Anschluss verspeisen.

Ritual gegen Alpträume

In der Nacht verarbeitet der Körper die Geschehnisse des Tages. Gegen Alpträume hilft dieses kleine Kerzenritual.

Material:

eine silberne Kerze
ein Kristall, z. B. Turmalin
Helmkraut zum Räuchern

Vorgehensweise:

1. Stellen Sie die silberne Kerze auf Ihren Nachttisch. Ritzen Sie unbedingt ein Schutzsymbol, wie zum Beispiel ein Pentagramm, hinein.

2. Räuchern Sie Ihr Schlafzimmer mit Helmkraut, damit Sie in einen ruhigen Schlaf finden können. Helmkraut reduziert Schlafstörungen und wurde schon von den Indianern als Heilkraut gegen Alpträume verwendet.

3. Zünden Sie die Kerze jeden Abend an, bevor Sie ins Bett gehen, und nehmen Sie dabei den Kristall in Ihre Hand. Stellen Sie sich jetzt vor, wie sich der Kristall mit schönen Träumen füllt und Alpträume keinen Platz mehr darin haben.

4. Legen Sie den Kristall dann unter Ihr Kopfkissen. Die Alpträume werden nach und nach weniger.

Ritual für eine bessere Wahrnehmung

Fühlen Sie sich schnell abgelenkt und in Ihrer Wahrnehmung eingeschränkt, wird dieses Kerzenritual Ihre Sinne schärfen.

Material:

eine blaue Kerze
drei weiße Teelichter
eine Feder
ein Stein
ein Glas Wasser
ätherisches Jasminöl
Kaffeebohnen zum Räuchern

Vorgehensweise:

1. Räuchern Sie den Raum mit Kaffeebohnen, die Sie zuvor gemahlen haben. Alternativ geht auch Kaffeepulver. Kaffee wirkt belebend und energetisch, weshalb er sich gut für die Schärfung der Sinne eignet.

2. Salben Sie die blaue Kerze mit dem Jasminöl, damit diese Ihnen mehr Klarheit schenkt. Stellen Sie die blaue Kerze in die Mitte Ihres Altars und richten Sie die Teelichter als Dreieck um die Kerze an. Jedes Teelicht steht für ein Element. Diesen Elementen ordnen Sie verschiedene Gegenstände zu. Für das Element Wasser stellen Sie ein Glas Wasser neben das Teelicht. Das Element Erde erhält den Stein, das Element Luft die Feder und für das Element Feuer steht die Flamme der Kerze.

3. Meditieren Sie zunächst ein bisschen, um sich in die richtige Stimmung zu bringen. Denken Sie dabei an Ihren persönlichen Kraftort. Entzünden Sie dann nacheinander die Kerzen. Beginnen Sie mit den Teelichtern und zünden Sie die blaue Kerze ganz zum Schluss an.

4. Reiben Sie Ihre Hände aneinander, um Ihren Energiefluss zu aktivieren. Nehmen Sie anschließend jeden Gegenstand in die Hand und versuchen Sie, ihn mit allen Sinnen wahrzunehmen: Wie fühlt sich die Feder an? Welchen Klang gibt der Stein von sich? Wie schmeckt das Wasser? Wie ist das Erscheinungsbild der Flamme? Was lösen die Düfte des Kaffees und des Jasminöls in Ihnen aus? Nehmen Sie sich für dieses Ritual genügend Zeit und nutzen Sie all Ihre Sinne.

5. Haben Sie alle Gegenstände erkunden können, legen Sie diese wieder zurück an ihren Platz. Sprechen Sie nun die folgende Formel:

„Feuer, Wasser, Erde, Luft, ich danke den Elementen,
dass Sie meine Sinne verzaubern,
Jetzt werde ich klarer sehen,
und mit offenen Augen durch mein Leben gehen."

6. Nachdem die Kerzen komplett heruntergebrannt sind, führen Sie die Gegenstände – bis auf die blaue Kerze und die Teelichter – wieder der Natur zurück.

REINIGEN

Negative Energien rauben Ihnen Ihre Kraft. Manchmal ist es nicht so leicht, diesen Energien zu entgehen. Sie treffen unterwegs überall auf Krafträuber oder werden durch andere Menschen belastet, sodass deren Negativität an Ihnen haften bleibt. Reinigungszauber verschaffen Ihnen wieder Freiheit und Klarheit, damit Sie den Ballast Ihrer Umgebung wieder abwerfen können. Fangen Sie am besten bei Ihrem Zuhause an und entfernen Sie störende Schwingungen, die Sie in Ihrem Energiefluss blockieren. Ich reinige mein Haus mindestens einmal die Woche mit einem magischen Hausputz und nutze dafür Räucherungen mit Salbei oder selbst gemachtes Reinigungsmittel mit Basilikum. Damit reinige ich den Boden und im Nachgang gehe ich durch jeden Raum und räuchere jede Ecke gründlich aus. So haben negative Energien keine Chance mehr, auf mich überzugehen.

Wichtig ist, dass Reinigungsrituale immer wieder erneuert werden, denn Energien stehen nie still und lagern sich überall ab. Sie selbst sollten sich ebenfalls regelmäßig entsprechenden Reinigungsritualen unterziehen. Damit können Sie Blockaden lösen, die durch Ihre Gedanken oder Ihre Emotionen entstanden sind. Gehen Sie entweder bei Ihren Reinigungsritualen nach einem bestimmten Rhythmus vor oder führen Sie diese je nach Bedarf aus, sobald Sie negative Schwingungen wahrnehmen.

Reinigungsritual für die eigenen vier Wände

Entfernen Sie mit diesem Ritual störende Energien aus Ihrem Haus, damit Sie sich wieder wohlfühlen können.

Material:

vier weiße Kerzen
Streichhölzer
Salbei und Palo Santo zum Räuchern/Smudge-Sticks

Vorgehensweise:

1. Stellen Sie die weißen Kerzen jeweils in die Räume, in denen Sie sich am meisten aufhalten. Das heißt: Eine Kerze steht in der Küche, die andere im Schlafzimmer usw.

2. Bereiten Sie Ihre Räucher-Mischung gewissenhaft zu und nehmen Sie Ihr Räuchergefäß in die Hand. Achten Sie unbedingt auf Ihre Sicherheit. Wenn Sie mit der Räucher-Mischung nicht von Raum zu Raum gehen möchten, können Sie alternativ in jedem Raum eine kleine Räucher-Schale aufstellen. Für dieses Ritual empfehle ich Ihnen aber eher, auf sogenannte Smudge-Sticks zurückzugreifen. Denn mit den Smudge-Sticks kommen Sie sehr gut in die hintersten Ecken des Hauses und können jede noch so winzige Negativität erwischen. Außerdem liegen die Räucher-Bündel gut in der Hand und können überallhin mitgenommen werden. Salbei und Palo Santo sind dafür bekannt, negative Kräfte und Energien aufzulösen, weshalb sie für Reinigungsrituale meine erste Wahl sind.

3. Räuchern Sie nun jeden Raum und sprechen Sie dabei folgende Worte:

„Hinfort mit allen negativen Schwingungen, hinfort mit aller Negativität. Nichts bleibt haften, nichts bleibt bestehen. Alles wird völlig rein."

4. Immer, wenn Sie einen Raum mit einer weißen Kerze erreichen, zünden Sie diese Kerze an und sprechen dazu:

„Willkommen ist das Gute, vorbei ist das Böse. Ich reinige mein Heim und lade Freude und Zuversicht ein."

5. Visualisieren Sie, wie jegliche Negativität in die Kerze hineinfließt und dort eingesperrt bleibt.

6. Wandern Sie dann zum nächsten Raum und wiederholen Sie Ihren Zauberspruch bei jeder Kerze. Lassen Sie die Kerzen herunterbrennen und entsorgen Sie das Wachs unbedingt außer Haus. So stellen Sie sicher, dass keine negativen Energien in Ihrem Heim zurückbleiben und sich wieder ausbreiten können.

Den Körper und Geist reinigen

Ein kurzes, aber wirksames Ritual, damit Sie den Kopf frei bekommen und sich von Altlasten loslösen können.

Material:

eine weiße Kerze
eventuell Salz und Kiefernadeln zum Räuchern

Vorgehensweise:

1. Suchen Sie sich einen Ort, an dem Sie völlig ungestört sind. Nehmen Sie die weiße Kerze in die Hand und entzünden Sie diese, wenn Sie bereit sind.

2. Wenn Sie möchten, können Sie zu diesem Ritual Salz und Kiefernadeln räuchern. Das Salz unterstützt den Reinigungsprozess und die Kiefernadeln wirken befreiend auf Körper und Geist.

3. Gehen Sie in sich und versuchen Sie zunächst, all Ihre Gedanken ziehen zu lassen. Konzentrieren Sie sich dann darauf, Ihre Gedanken zu bündeln, und stellen Sie sich vor, wie Sie jeden Gedanken aus Ihrem Kopf freilassen. Ich stelle mir dann beispielsweise immer vor, dass jeder Gedanke Flügel besitzt und aus meinem Körper herausfliegt.

4. Atmen Sie tief ein und aus und sprechen Sie für sich ein persönliches Mantra, das Ihre mentale Reinigung unterstützt. Ich verwende häufig diesen Spruch:

„Mein Kopf wird frei, mein Geist wird klar,
mein Körper einst lebendiger war,
ich löse mich von aller Kraft,
die mir keine Freude schafft."

5. Pusten Sie die Kerze kraftvoll aus und verteilen Sie den Rauch mit Ihren Händen, bis dieser völlig verschwindet.

Negative Energien auflösen

Negative Kräfte können Sie mit diesem Bannritual bekämpfen.

Material:

eine schwarze Kerze
Feuerschale
ein schwarzer Baumwollfaden
Alantwurzel zum Räuchern

Vorgehensweise:

1. Führen Sie dieses Ritual zur Zeit des abnehmenden Mondes aus.

2. Präparieren Sie Ihre Kerze mit einem Schutzsymbol und ziehen Sie vorher unbedingt einen Schutzkreis aus Salz oder mithilfe eines Ritualdolches.

3. Fokussieren Sie sich auf die negativen Energien, die Sie verbannen möchten. Machen Sie sich unbedingt ein klares Bild, denn sonst können Sie die Energien nicht komplett erfassen. Zünden Sie dann die Kerze an.

4. Nehmen Sie den Baumwollfaden in die Hand und machen Sie jeweils acht Knoten. Greifen Sie dann nacheinander die Knoten und sprechen Sie:

„Der erste Knoten zeigt negative Kraft,
der zweite, dass er nichts mehr schafft,
der dritte, reißt ihn jetzt entzwei,
der vierte, hilft ihm nun dabei.
Der fünfte Knoten ist mein Wille,
auf den sechsten folgt die Stille,
der siebte Knoten vertreibt die Macht,
vollbracht ist es mit Knoten acht."

5. Nehmen Sie die Kerze zur Hand und tropfen Sie jeweils auf das Ende und auf den Anfang des Fadens etwas Wachs. Damit besiegeln Sie Ihre Energie. Legen Sie den Faden zum Schluss in die Feuerschale und verbrennen Sie ihn. Die Asche verstreuen Sie anschließend um Ihr Haus.

Schlechte Gewohnheiten auflösen

Jeder Mensch hat sie und möchte sie loswerden: schlechte Angewohnheiten. Dieses Ritual wird Ihnen dabei helfen, Ihre schlechten Angewohnheiten erfolgreich abzulegen.

Material:

eine goldene Kerze
mehrere Dornen einer Rose
Tulsi (indischer Basilikum) zum Räuchern

Vorgehensweise:

1. Stellen Sie die goldene Kerze in die Mitte des Raumes und denken Sie an die schlechten Angewohnheiten, die Sie unbedingt ablegen möchten.

2. Nehmen Sie für jede Angewohnheit einen Dorn und stecken Sie ihn in das Wachs der Kerze. Die Angewohnheiten, die Sie am schnellsten loswerden möchten, sollten weiter oben platziert werden.

3. Die Kerze sollte auf einer breiten und feuerfesten Schale aufgestellt werden, damit die Dornen beim Abbrennen sicher aufgefangen werden können.

4. Räuchern Sie während des Rituals indischen Basilikum, da dieser als besonders reinigend gilt.

5. Zünden Sie die Kerze an und visualisieren Sie, wie Sie jede einzelne Angewohnheit verlieren. Stellen Sie sich vor, wie viel besser Ihr Leben durch den Verlust Ihrer schlechten Angewohnheiten sein wird. Sprechen Sie sich Mut zu und versichern Sie sich selbst, dass Ihr Vorhaben auf jeden Fall gelingen wird.

6. Wenn die Dornen abgefallen oder sogar abgebrannt sind, stellen Sie die Kerze in Ihr Schlafzimmer und zünden sie jeden Abend an, bis diese heruntergebrannt ist.

Reinigungsritual für unterwegs

Wenn Sie unterwegs negative Schwingungen wahrnehmen, können Sie diese mithilfe dieses kleinen Rituals abwenden.

Material:

ein weißes Teelicht
ein Lorbeerblatt
ein kleiner und feuerfester Behälter
etwas Salz

Vorgehensweise:

1. Suchen Sie sich einen Platz, an dem Sie Ihr Ritual ungestört ausüben können. Streuen Sie einen Salzkreis um sich und erschaffen Sie in Gedanken einen Schutzschild, welcher durch nichts und niemanden durchbrochen werden kann.

2. Zünden Sie das Teelicht an und verbrennen Sie das Lorbeerblatt mit der kleinen Flamme. Legen Sie das Blatt in den feuerfesten Behälter. Fächeln Sie den Rauch in Ihre Richtung und stellen Sie sich vor, wie alle negativen Energien um Sie herum verschwinden.

3. In Gedanken können Sie auch einen kleinen Zauberspruch aufsagen. Sobald das Lorbeerblatt verbrannt ist, verstreuen Sie die Asche in der Natur.

Exkurs: Sternzeichen & Kerzenmagie

Der Geburtszeitpunkt des Menschen entscheidet darüber, welches Sternzeichen ihm zugeordnet wird. Diese zwölf Tierkreiszeichen weisen alle verschiedene, jedoch ganz bestimmte Eigenschaften auf. Das ist auch der Grund, weshalb einige Sternzeichen besser mit manchen Ritualen umgehen können als andere. Sicherlich kann jedes Sternzeichen ein beliebiges Ritual ausführen, aber dennoch besitzt jedes Sternzeichen individuelle Talente. Diese Talente können sich bei der Ritualausführung sehr stark bemerkbar machen. Ein Ritual kann dann leichter von der Hand gehen oder sogar weniger Wirkung erzielen, je nachdem, zu welchem Sternzeichen Sie gehören.

Wenn Sie mit einem bestimmten Element arbeiten möchten, wird das vollzogene Ritual mächtiger sein, wenn auch Ihr Sternzeichen zu dem jeweiligen Element passt. Möchten Sie also flammende Leidenschaft heraufbeschwören, werden Sie als Feuerzeichen unbändige Kräfte entfesseln. Bei den anderen Sternzeichen kann das Warten auf Erfolg dann tatsächlich etwas länger dauern. Genau deshalb ist es so wichtig, seine Rituale auf alle

Gegebenheiten abzustimmen. Das Zusammenspiel von Sternen und Energien ist verantwortlich für Ihr Gelingen. Die Sternzeichen werden außerdem den vier Elementen Feuer, Wasser, Erde und Luft zugeordnet, was in der Magie sehr hilfreich sein kann. Entweder Sie orientieren sich an den Elementen oder Sie stimmen Ihre Rituale auf Ihr Sternzeichen ab.

Feuerzeichen:	Widder, Löwe, Schütze
Wasserzeichen:	Fische, Krebs, Skorpion
Luftzeichen:	Wassermann, Waage, Zwillinge
Erdzeichen	Stier, Steinbock, Jungfrau

Die Astrologie ist sehr spannend, denn sie erinnert uns immer wieder daran, wie unterschiedlich und einzigartig jeder Mensch mit seinen Fähigkeiten ist. Wenn Sie bei Ihrer Magie zusätzlich auf Sternzeichen, Planeten und Sternenkonstellationen achten, werden Sie noch bessere Ergebnisse erzielen.

WELCHE RITUALE FÜR WELCHE STERNZEICHEN?

Ich stelle Ihnen nun die zwölf Tierkreiszeichen und deren besondere Eigenschaften vor. Dabei werde ich mich auch immer wieder auf Kerzenrituale beziehen, die für diese Sternzeichen aufgrund ihrer Fähigkeiten besonders gut geeignet sind. Ich möchte noch einmal erwähnen, dass jedes Sternzeichen auch jedes Ritual vollziehen kann. Es gibt hier kein Verbot oder Ähnliches. Es ist lediglich eine Empfehlung für Sie, damit Sie Ihre Energien noch gezielter einsetzen können. Jedes Sternzeichen hat eine besondere Begabung, die natürlich für spezielle Rituale die besten Voraussetzungen schafft.

Widder (21.03. bis 19.04.)

ARIES

Der Widder untersteht dem Planeten Mars und zeichnet sich durch Leidenschaft, Durchsetzungskraft und Mut aus. Mit der Farbe Rot kann er sich am besten identifizieren, denn der Widder ist auffällig und feurig. Er besitzt die Fähigkeit, sich für alles zu begeistern, und setzt so ungeahnte Kräfte frei. Rituale, die sich mit dem Aufladen von Energien beschäftigen, sind für ihn besonders gut geeignet. Dabei greift er auf Amulette oder Talismane zurück oder kann alleine durch Handauflegen Energien versenden.

Stier (20.04. bis 20.05.)

TAURUS

Der Planet Venus herrscht über das Sternzeichen Stier. Wie Sie sich vielleicht schon denken können, sind Stiere besonders dazu in der Lage, Liebeszauber durchzuführen. Ihre Sinnlichkeit sorgt dafür, dass jegliche Kerzenrituale, die auf Leidenschaft und Liebe ausgelegt sind, noch einmal einen zusätzlichen Energieschub bekommen. Aber nicht nur in Liebesdingen sind Stiere wahre Talente. Auch bei Glücks- und Wohlstandsritualen können sich ihre Fähigkeiten sehen lassen. Die Farbe des Stiers ist zudem Grün und symbolisiert neben Glück und Wohlstand auch die Verbindung zur Erde.

Zwillinge (21.05. bis 20.06.)

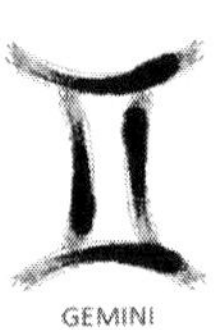
GEMINI

Für geistige und kommunikative Rituale haben Zwillinge ein ganz besonderes Händchen. Sie werden dem Planeten Merkur zugeordnet und ihre Farbe ist Gelb. Zwilling-Geborene sind bei Ritualen, die sich mit geistigen Angelegenheiten befassen, sehr begabt. Sie können Energien in Bewegung bringen und sind in der Lage, eine intensive Verbindung zum Universum herzustellen.

Krebs (21.06. bis 22.07.)

Wenn jemand sehr emotional ist, dann ist es der Krebs. Er ist bekannt für seine sensible Seite und kann sich deshalb sehr gut auf seine Intuition verlassen. Der Krebs wird dem Mond zugeteilt und seine Farbe ist Silber. In Liebes- und Freundschaftsdingen kann er in Ritualen punkten, denn seine Empathie ist außergewöhnlich hoch. Zudem sind Krebs-Geborene meistens sehr talentiert, was Weissagungen angeht, deshalb geben sie gute Orakel ab. Wenn Krebse Rituale abhalten, sollten diese keinesfalls gestört werden, denn sie müssen sich sicher fühlen, um ihr volles Potenzial entwickeln zu können.

Löwe (23.07. bis 22.08.)

Typisch für den Löwen sind die strahlende Sonne und die Farben Gold und Orange. Er sprüht nur so vor Kraft und diese kann damit auch auf andere Menschen abfärben. Sämtliche Rituale, die starke Energien benötigen, sich um Ruhm und Vergnügen drehen, werden vom Löwen erfolgreich ausgeführt. Auch Leidenschaftszauber sind, wenn sie von einem Löwen ausgeführt werden, sehr wirksam.

Jungfrau (23.08. bis 22.09.)

Jungfrauen sind sehr weise und haben die Fähigkeit, Energien zu verändern. Das bedeutet, es fällt ihnen leicht, negative Energien in positive umzuwandeln. Zudem sind sie Spezialisten bei Heilungs-, Reinigungs- und Schutzzaubern. Friedvolle Rituale, die den Körper und Geist besänftigen, liegen ihnen besonders gut. Telepathie gehört ebenfalls zu den Talenten einer Jungfrau. Der Planet Merkur wacht über die Jungfrau und die ihr zugehörige Farbe ist Blau bzw. Himmelblau.

Waage (23.09. bis 22.10.)

LIBRA

Der Planet Venus wird der Waage zugeordnet. Ihre Farbe ist Rosa. Waage-Geborene haben die Gabe, in jeder Hinsicht die Balance wiederzufinden. Das bedeutet: Jeder Zauber, der ein Gleichgewicht wieder herstellen soll, wird fast immer erfolgreich verlaufen. Die Waage liebt die Schönheit der Welt und befasst sich auch gern mit Schönheitszaubern. Außerdem ist sie ein wahrer Meister darin, Illusionen zu erschaffen, und kann deshalb die Traumwelt positiv beeinflussen.

Skorpion (23.10. bis 21.11.)

SCORPIO

Der Skorpion wird mit den Planeten Pluto und Mars sowie mit der Farbe Rot verknüpft. Dieses Sternzeichen ist besonders geheimnisvoll und verschlossen. Energien zu manipulieren, liegt dem Skorpion im Blut, und er ist sehr begabt im Erschaffen von mächtigen Siegeln und Symbolen. Durch ihre herausragende Intuition sind Skorpione in der Lage, Wahrheiten herauszufinden und eventuelle Lügen aufzudecken. Bann- und Verteidigungszauber eines Skorpions besitzen große Macht und sind nahezu unzerstörbar. Da sie sich gut an neue Situationen anpassen können, liegen ihnen Zauber, die Veränderungen hervorrufen sollen, sehr gut.

Schütze (22.11. bis 21.12.)

SAGITTARIUS

Schützen sind von Natur aus optimistische Wesen, daher bieten sich für dieses Sternzeichen Reinigungszauber gut an. Diese können negative Energien im Nu auflösen. Schützen gehören dem Planeten Jupiter an und bringen Erfolgszauber erst so richtig ins Rollen. Sie gelangen schnell in höhere spirituelle Ebenen, weshalb sie leichter mit Göttern in Kontakt treten können. Ihre Farbe ist das königliche Purpur.

Steinbock (22.12. bis 19.01.)

Die Farbe des Steinbocks ist schwarz und der dazugehörige Planet ist der Saturn. Steinböcke sind sehr entschlossen und wenn sie sich etwas in den Kopf gesetzt haben, dann lassen sie sich durch nichts davon abbringen. Deshalb sind Karrierezauber und auch Rituale, die Reichtum anziehen, bei Steinböcken bestens aufgehoben. Sie finden immer wieder neue Wege, ihre Ziele zu erreichen. Wenn ein Weg nicht klappt, suchen sie nach Alternativen und geben niemals auf. Sie sind wahre Meister der Manifestation und schaffen es so, ihre Mitmenschen jederzeit zu motivieren.

CAPRICORN

Wassermann (20.01. bis 18.02.)

Wassermänner sind Freigeister, weshalb nichts und niemand sie bändigen kann. Sie sind unabhängig und ihr Freiheitsdrang hilft ihnen, negative Verbindungen zu lösen sowie Flüche zu brechen. Ihre Kreativität kennt nahezu keine Grenzen, weshalb sie gerne Veränderungen anstreben und immer neue Dinge ausprobieren. Wassermann-Geborene haben eine starke Verbindung zum Universum, weshalb sie leichter mit Ahnen und Wesenheiten Kontakt aufnehmen können als andere Sternzeichen. Wassermänner unterstehen dem Planeten Uranus und ihre zugehörige Farbe ist Blaugrau.

AQUARIUS

Fische (19.02. bis 20.03.)

Die Fantasie der Fische ist wahnsinnig vielfältig. Sie besitzen die Kraft, Träume zu manipulieren und diese nach ihren Vorstellungen zu formen. Zudem haben sie durch die tiefe Verbundenheit zur Natur die Fähigkeit, magische Wesen, wie Feen, herbeizurufen. Rituale, die sich mit Heilungsprozessen und Weiterentwicklung beschäftigen, liegen ihnen besonders gut. Das Motto des Fisches ist, dass jeder seine Realität selbst erschaffen kann. Fische werden dem Planeten Neptun zugeordnet und ihre Farbe ist Dunkelblau.

PISCES

Der Kompass zum inneren Weg

Rituale sind wichtige Bestandteile der Magie. Wenn Sie aber möchten, dass Ihr Zauber noch mächtiger wird, müssen Sie auch an sich selbst arbeiten. Ihre Einstellung ist von großer Bedeutung. Hexen befinden sich eigentlich immer in einem Lernprozess, denn das Leben bietet viele Lektionen, die es zu verarbeiten gilt. Selbst die erfahrenste Hexe steht immer wieder neuen Herausforderungen gegenüber, die sie meistern muss. Das stetige Arbeiten an den eigenen Fähigkeiten sorgt für mächtigere Rituale und hilft dabei, mit den kosmischen Energien im Einklang zu leben. Es ist ein immerwährender Prozess, bei dem sich Hexen mit ihren Fortschritten auseinandersetzen und auch Rückschläge reflektieren. Auch dies gehört zur Magie. Schließlich möchten Sie sich ja auch weiterentwickeln und nicht nur auf der Stelle treten.

Dazu gehört auch, dass Sie sich mit dem Thema Schattenarbeit auseinandersetzen. Schattenarbeit behandelt Ihre persönlichen Schwächen, die Sie tagtäglich mit sich herumtragen, aber im Alltag unterdrücken möchten. Persönlichkeitsanteile, die Sie als negativ einstufen, dürfen dann an die Oberfläche treten und werden nicht gezielt bekämpft, sondern vielmehr willkommen geheißen. Dabei sind Ihre Schwächen keineswegs ein Hindernis für Ihre Magie. Stattdessen können Sie Ihre magischen Fähigkeiten verbessern, weil Sie aus Fehlern lernen. Schattenarbeit kann anstrengend, aber auch sehr aufschlussreich sein. Dabei können Sie viel über Ihre inneren Konflikte herausfinden und auch selbstständig nach Lösungen suchen. Daraus folgt geistiges Wachstum, welches natürlich in Bezug auf Magie eine große Rolle spielt. In diesem Kapitel werden Sie deshalb Ihre inneren Stolpersteine erkunden, sich mit Ihrer Zukunft auseinandersetzen und die Vergangenheit reflektieren. Das alles geschieht am besten immer in Kombination mit der Kerzenmagie. So können Sie tiefer in Ihr Unterbewusstsein eindringen und die Schattenarbeit mit einem Ritual verbinden. Ich empfehle Ihnen, für die Schattenarbeit auf weiße oder schwarze Kerzen zurückzugreifen, da schwarze Kerzen sich ja bekanntlich zum Bannen von negativen Energien eignen und weiße Kerzen für Neutralität stehen. Wenn Sie dann bereit sind, Ihren inneren Pfad zu finden, können Sie für die Schattenarbeit ein individuelles Ritual erstellen. Mein persönliches Schattenritual sieht so aus:

1. Ich lege mir ein Notizbuch zurecht und reinige den Raum zunächst mit Salbei-Smudge-Sticks. Dabei gehe ich sehr gründlich vor und lasse keine Ecke des Raumes aus. Danach stelle ich zwei weiße Kerzen auf meinen Altar, die ich zuvor mit meinem Lieblingsöl Lavendel gesalbt habe. Auf den Kerzen befindet sich mein ganz persönliches Siegel, welches ich während eines anderen Rituals aus dünnen Wachsplatten geformt habe. Dieses Siegel habe ich im Anschluss mit Weihrauch geweiht und auf den Kerzen befestigt.

2. Bevor ich damit beginne, in mein Innerstes einzutauchen, meditiere ich für fünf Minuten, um meinen Geist zu beruhigen. Schließlich wird es hier um Themen gehen, die mich aufwühlen könnten, und da möchte ich schon vorher für eine entspannte Grundhaltung sorgen.

3. Als Nächstes visualisiere ich meine größten Erfolge, damit ich mich mit positiver Energie auflade.

4. Erst dann nehme ich mir viele verschiedene Lebensfragen vor, die mich in meiner Entwicklung weiterbringen können. Dazu gehören aber auch Fragen, die mein Verhalten und mein Denken infrage stellen. Meine Antworten schreibe ich in mein Notizbuch. Nach einer gewissen Zeit – bei mir sind es etwa vier Monate Abstand – wiederhole ich mein Schattenritual und beantworte erneut die Fragen, die ich für mich als wichtig erachte. Ich lese mir danach auch meine älteren Antworten durch. So kann ich Fortschritte oder auch Rückschritte erkennen.

5. Im Anschluss an die Schattenarbeit reflektiere ich auch meine Rituale. Ich finde, es ist wichtig, zu wissen, ob ein Ritual gerechtfertigt war oder eben nicht. Auch kann ich so herausfinden, welche Ereignisse und Verhaltensweisen meine magischen Fähigkeiten in diesem Zeitraum blockiert haben. Für zukünftige Rituale ist das sehr hilfreich, weil ich diese Störfaktoren ab jetzt vermeiden kann.

6. Wenn ich mein Schattenritual beenden möchte, schreibe ich meine Ziele noch einmal auf ein separates Blatt und tropfe von beiden Altarkerzen etwas Wachs darauf, um meine Wünsche zu besiegeln. Ich visualisiere ein letztes Mal, was genau ich erreichen möchte. Und danach verbrenne ich das Blatt in einer kleinen Schale. Die Asche verstreue ich in der Natur. Somit sende ich mein Anliegen nicht nur an mein Unterbewusstsein, sondern auch ins Universum hinaus. Mein Notizbuch bewahre ich immer auf meinem Altar auf, damit ich zu jeder Zeit darauf Zugriff habe.

So, oder so ähnlich, kann auch Ihr Schattenritual aussehen. Vielleicht möchten Sie auch ein ganz anderes Ritual praktizieren, welches besser zu Ihren Bedürfnissen passt. Sie können auch Gottheiten, Elemente oder Planeten einfließen lassen, je nachdem, welche Energien hilfreich für Sie sind.

Im Folgenden habe ich für Sie ein paar Leitfragen erstellt, die Ihnen bei Ihrer magischen Entwicklung weiterhelfen könnten. Natürlich haben Sie auch hier wieder freie Hand und sollen sogar noch weitere Punkte finden, die Sie abarbeiten möchten. Das bringt Sie geistig auf eine höhere Ebene und Sie lernen dabei, an sich zu arbeiten.

DER INNERE PFAD

Sie beginnen nun damit, in die Tiefen Ihres Seins einzudringen und ungeklärte Konflikte zu beseitigen. Beantworten Sie die Fragen so ausführlich wie möglich, denn Sie möchten ja später noch nachvollziehen können, was zu der Zeit in Ihnen vorging. Ich finde es beispielsweise immer spannend, zu sehen, wie ich vor Monaten gedacht oder mich nach Jahren verändert habe. Oft vertrete ich nach einiger Zeit eine ganz andere Meinung und das Geschriebene verliert an Bedeutung oder eine neue Phase in meinem Leben beginnt. Ich muss sagen, dass ich die Schattenarbeit, so gefühlsintensiv sie ist, nicht mehr missen möchte. Sie bringt mich weiter und ich bekomme Anhaltspunkte, wann ich dringend aktiv werden sollte. Was ich auch sehr wichtig finde, ist die Analyse der sozialen Kontakte. Nicht nur das eigene Seelenleben, sondern auch das von anderen Menschen muss berücksichtigt werden – wobei ich sagen muss, dass ich viele meiner Kontakte mit der Zeit hinterfragt habe, weil sie mir einfach nicht gutgetan haben und verantwortlich für so manche Konflikte waren. Im sozialen Umfeld kann es bedeutende Faktoren geben, die mir Kraft rauben oder durch die ich stärker werde. Zu erkennen, welche Energien positiv wirken, und sich so von negativen Ballast zu lösen, gehört auch zur Schattenarbeit dazu. Auf das Schattenritual können dann Impulse folgen, die Sie dazu bewegen werden, Ihr Leben von Grund auf zu überdenken. Nur so kann eine Weiterentwicklung überhaupt stattfinden.

Was bewegt mich?

Überlegen Sie, in welcher Lebensphase Sie sich befinden und was Sie von Ihrem Leben erwarten. Jeder Mensch strebt nach ganz bestimmten Werten, die er durch eigenes Interesse oder das der Gesellschaft auferlegt bekommt. Fragen Sie sich dabei, inwiefern Sie von äußeren Einflüssen gelenkt werden oder ob Ihr Wunsch tatsächlich Ihrem Herzen entspringt. Oft ist der eigene Herzenswunsch tief im Inneren vergraben und wurde irgendwann ad acta gelegt. Ein wichtiger Schritt, um überhaupt an sich arbeiten zu können, ist, das Bewusstsein für das eigene Leben zu finden. Das Auseinandersetzen mit den eigenen Gedanken und Gefühlen kann neu für Sie sein, wenn Sie es immer gewohnt waren, Ablenkungen zu finden. Jetzt haben Sie die Chance, sich besser kennenzulernen und Ihre derzeitige Lebenssituation zu durchleuchten. Sie werden Ihre eigene Lebensmotivation entdecken, wenn Sie sich Zeit für sich selbst nehmen. Schreiben Sie jeden Gedanken auf, der Sie beschäftigt, selbst wenn Sie glauben, dass dieser Gedanke unbedeutend und klein ist.

Was ist mir wichtig?

Bei dieser Frage geht es darum, welche Werte Sie vertreten möchten. Wie stellen Sie sich Ihr Leben vor und was soll darin eine Rolle spielen? Nachdem Sie zuvor geklärt haben, was Sie bewegt, gelangen Sie jetzt an den Punkt der eigenen Vorstellung von Ihrem Leben. Zählen Sie auf, was Ihnen wichtig ist und worauf Sie keinesfalls mehr verzichten möchten. Gibt es in Ihrem Leben noch Verbesserungsbedarf? Hat sich Ihr Leben noch nicht so entwickelt, wie Sie es sich vorgestellt haben? Warum leben Sie Ihr Leben so, wie Sie es jetzt tun? Es kann sein, dass Sie bei dieser Frage realisieren, was in Ihrem Leben falsch läuft, aber auch erkennen, wo Ihre eigentlichen Stärken liegen. Ich habe mir beispielsweise auch angewöhnt, eine kleine Liste anzufertigen, auf der ich notiere, welche Punkte in meinem Leben gerade eine äußerst wichtige Rolle einnehmen. Diese Liste verändert sich natürlich, je nachdem, was gerade ansteht. Vom Grundsatz her finden aber immer wieder die gleichen Themen zurück auf die Liste. Das zeigt mir persönlich, dass ich meine Grundwerte nicht aus den Augen verliere und meinen Ansichten treu bleibe.

Was hemmt mich?

Dieser Teil der Schattenarbeit ist der schwierigste Teil, wie ich persönlich finde. Sie begeben sich jetzt auf Ursachenforschung und müssen ergründen, welches Verhalten, welche Menschen oder welche Ereignisse Ihre Kräfte blockieren. Ganz unterschiedliche Gründe können hier vorliegen. Allgemeiner Stress, ungelöste Konflikte mit Familie und Freunden, eigene Unsicherheiten, Traumata oder gesundheitliche Probleme sind nur einige Beispiele, die Ihre Energie negativ beeinflussen können. Tauchen Sie in Ihre Vergangenheit ein und finden Sie Ihre persönlichen Schwachstellen, die Sie daraufhin ausführlich bearbeiten. Es gehört zu ihrem Entwicklungsprozess dazu, sich auch mit unangenehmen Erfahrungen auseinanderzusetzen. Daran können Sie wachsen und lernen, Ihre Zukunft selbst zu gestalten. Vielleicht ist es auch notwendig, dass Sie sich von manchen Gewohnheiten, Gedanken oder sogar sozialen Kontakten loslösen müssen, damit Sie mit sich selbst wieder ins Reine kommen.

Wo will ich hin?

Sind die Gründe für Ihre Blockaden herausgefunden, müssen Sie jetzt Ihren eigenen Weg definieren. Dazu sollten Sie sich Gedanken machen, wie Ihre Zukunft Ihrer Meinung nach verlaufen sollte. Sie haben Ihr Leben in der Hand und entscheiden, wie Sie Ihre Ziele erreichen und wer Sie dabei begleiten soll. Erstellen Sie deshalb einen sogenannten „Fahrplan" für Ihr weiteres Leben und recherchieren Sie alle Möglichkeiten, die sich Ihnen bieten. Es mag sein, dass Ihr jetziges Leben vollkommen fremdbestimmt war und Sie jetzt erst realisieren, dass Sie selbst die Fäden ziehen. Schreiben Sie jede Idee auf, die Ihnen in den Sinn kommt, und fragen Sie sich, weshalb Sie diese Idee noch nie in Angriff genommen haben. Möglicherweise kamen Ihnen Zweifel auf oder Sie haben lieber den sicheren Weg gewählt, anstatt ein Risiko einzugehen. Die Frage ist: Wäre Ihr Leben nicht vielleicht besser verlaufen, wenn Sie das Risiko eingegangen wären? Gehen Sie deshalb in sich und vertrauen Sie auf Ihr Bauchgefühl. Wenn Sie einen Traum haben, gibt es immer Mittel und Wege, diesen Traum zu erreichen. Es kommt nur darauf an, was Sie bereit sind, dafür zu tun.

Nutzen Sie außerdem Kristalle und Edelsteine für das Erreichen Ihrer Ziele, indem Sie diese mit Ihren Wünschen und Vorstellungen aufladen. Das geht ganz leicht mit einer konkreten Visualisierung. Halten Sie dabei einen geeigneten Kristall in den Händen, während Sie sich mit Ihrer Zukunftsfrage beschäftigen. Wenn Sie dann diesen Kristall immer bei sich tragen, werden die positiven Energien stets an Ihrer Seite bleiben. Welchen Kristall Sie nutzen, kommt ganz darauf an, in welchen Bereich Ihr Ziel fällt. Ein Calcit wird zum Beispiel genutzt, um Selbstzweifel abzulegen, der Fluorit hingegen, um das Pech abzuwenden, und der Obsidian soll Negativität verdrängen. Beschäftigen Sie sich zusätzlich mit dem Thema Edelsteine und Kristalle, um einen geeigneten Stein für Ihr Anliegen zu finden.

Wie stehe ich in Verbindung zu anderen?

Ganz oft habe ich feststellen müssen, dass bestimmte Personen mir meine Energie nur durch ihre Anwesenheit raubten. Sie verliehen mir ein Gefühl von Unsicherheit, weil sie mich ständig kritisierten. Außerdem gab es Menschen in meinem Umfeld, die von Neid zerfressen waren, mich nie ernst genommen haben oder mir ihre Meinung aufdrängen wollten. Diese Menschen haben es tatsächlich geschafft, dass ich mich heute noch frage, ob ich dieses oder jenes tun sollte. Und genau hier ist der springende Punkt. Ich muss auf niemanden hören, außer auf mich selbst. Wenn ich Vorlieben habe oder Entscheidungen treffe, dann hat mir da niemand reinzureden. Und ich bin für mich und mein Leben selbst verantwortlich, da darf sich niemand einmischen. Und genau so sollten Sie auch denken.

Wenn es jemanden in Ihrem Umfeld gibt, der regelmäßig Negativität aussendet, sodass Sie sich im Nachhinein schlecht fühlen, dann sollte dieser Mensch aus Ihrem Leben verschwinden. Das klingt natürlich etwas drastisch, aber wenn Sie sich weiterentwickeln und Ihre magischen Fähigkeiten ausbauen möchten, dann müssen Sie Verbindungen zu Menschen kappen, die Ihnen nicht wohlgesonnen sind. Auch den Kontakt zu Menschen, die eine erhebliche Belastung für Sie darstellen, obwohl Sie diese Menschen gernhaben, sollten Sie einschränken. Hinterfragen Sie Ihre sozialen Beziehungen und denken Sie dabei auch an Ihr eigenes Verhalten. Macht Sie ein Mensch nervös oder gelingt es Ihnen nicht, einen guten Draht zu diesem Menschen aufzubauen, dann sollten Sie den Kontakt möglichst vermeiden. Schreiben Sie auf, welche Menschen Ihnen guttun und welche ständig für Frust und Ärger sorgen. Meist hilft auch ein klärendes Gespräch dabei, eine Beziehung zu verbessern, sodass Sie in Ihrem Energiefluss nicht mehr so leicht gestört werden.

Vielleicht möchten Sie auch einen Schutzstein bei sich tragen, um negative Energien zu absorbieren? Das kann Ihr Lieblingsstein sein oder aber ein Kristall, welchem eine bestimmte Wirkung nachgesagt wird. Probieren Sie aus, was für Sie funktioniert, und verbessern Sie Ihre sozialen Kontakte, damit Sie nicht nur im Privatleben, sondern auch in der Magie aus dem Vollen schöpfen können.

LEBENS- UND LERNAUFGABEN

Wenn bei Ihnen zurzeit Probleme auftreten oder Sie sich in einer schwierigen Lebensphase befinden, können Kerzenrituale Stimmungen verbessern, entspannend wirken oder auch dafür sorgen, dass sich Ihre Situation zum Guten verändert. Ein persönliches Ritual stärkt die Psyche und steigert das eigene Wohlbefinden. Die folgenden Kerzenrituale sind alle sehr kurz gehalten. Für die Durchführung brauchen Sie keine aufwändige Vorbereitung. Vielmehr sind diese Rituale darauf ausgelegt, Ihnen schnellstmöglich positive Energien zu senden.

Lebensenergie aktivieren

Wird Ihnen im Alltag alles zu viel und Sie möchten neue Kraft tanken, dann versuchen Sie es doch einmal mit diesem Ritual.

Material:
eine weiße Kerze

Vorgehensweise:

1. Bei diesem Ritual nutzen Sie die Kraft der Sonne, um Ihre Lebensgeister wiederzuerwecken. Setzen Sie sich dafür nach draußen und stellen Sie die Kerze vor sich hin.

2. Schließen Sie nun die Augen und meditieren Sie, so lange wie Sie möchten, während Sie die Sonnenstrahlen auf Ihrem Körper wahrnehmen. Spüren Sie, wie die Wärme langsam in Ihren Körper hineingleitet und sich Ihre Kräfte wieder aufbauen.

3. Entzünden Sie die Kerze und stellen Sie sich vor, wie diese ebenfalls vom Sonnenlicht aufgeladen wird. Die Kerze wird später Ihr persönlicher Energiespender, wenn die Sonne mal nicht zu sehen ist.

4. Atmen Sie ganz ruhig ein und aus und fühlen Sie, wie die Energie in Ihren Körper hineinfließt.

5. Löschen Sie die Kerze und stellen Sie diese auf Ihren Nachttisch. Immer, wenn Sie Energie benötigen, zünden Sie die Kerze an.

Anspannungen lösen

Hält der Stress Sie momentan gefangen, lassen Anspannungen sehr schwer nach. Das folgende Ritual lässt Sie wieder entspannen.

Material:

eine blaue Kerze
ätherisches Minzöl
ein geschliffener Amethyst

Vorgehensweise:

1. Salben Sie die blaue Kerze mit dem Minzöl, denn dieses ätherische Öl soll entkrampfend wirken. Das Blau der Kerze fördert Harmonie und Entspannung.

2. Setzen Sie sich im Schneidersitz auf den Boden und positionieren Sie die Kerze vor sich. Massieren Sie Ihre Schläfen ebenfalls mit dem Minzöl und zünden Sie dann die Kerze an.

3. Schließen Sie die Augen und tauchen Sie völlig in Ihr Unterbewusstsein ein, indem Sie Ihre Gedanken fließen lassen. Kombinieren Sie die Meditation mit einer kleinen Atemübung, damit Sie vollständig loslassen können.

4. Tropfen Sie etwas von dem Minzöl auf Ihre Handgelenke und massieren Sie diese mit dem Amethyst. Er wirkt belebend und kann Ihren Energiefluss besonders gut lenken.

5. Richten Sie nach der Meditation Ihren Blick in die Flamme und konzentrieren Sie sich nur auf deren Bewegung. Beenden Sie das Ritual, indem Sie die Kerze auspusten und sämtliche Anspannungen von Ihnen fortsenden:

„Die Last fällt von mir ab, ich werde immer ruhiger. Weg ist der Stress und all meine Sorgen, sie können mich nun nicht mehr steuern.“

Stimmungsaufheller

Wenn Sie innerlich ausgebrannt sind und Trost suchen, zögern Sie nicht, diesen Zauber auszuprobieren. Ihre Stimmung wird sich sehr schnell verbessern.

Material:

eine goldene Kerze
Johanniskrautöl
ein Glas Wasser, mit Zitronensaft versetzt
ein Quarzkristall

Vorgehensweise:

1. Salben Sie die Kerze mit Johanniskrautöl ein und genießen Sie noch vor dem Ritual die stimmungsaufhellende Wirkung. Das Gold der Kerze soll Positivität fördern und die Energien der Sonne einfangen.

2. Waschen Sie den Quarzkristall unbedingt gut ab, um nicht nur Verschmutzungen, sondern auch negative Energien zu entfernen.

3. Zünden Sie die goldene Kerze an und schauen Sie durch den Quarzkristall in die Flamme. Sprechen Sie nun folgenden Zauberspruch:
„Dein Leuchten soll auf mich abfärben, mir Freude schenken und mich zum Lächeln bringen.“

4. Rufen Sie sich nun das schönste Erlebnis, an das Sie sich erinnern können, ins Gedächtnis. Halten Sie das Gefühl der Freude fest und legen Sie den Quarzkristall in das Wasserglas.

5. Im Anschluss trinken Sie das Zitronenwasser und löschen die Kerze.

Innere Ruhe

Kommen Sie mit diesem Ritual zur Ruhe und finden Sie Ihre innere Balance wieder.

Material:

eine gelbe Kerze
ätherisches Lavendelöl
Lavendelblüten zum Räuchern

Vorgehensweise:

1. Räuchern Sie die Lavendelblüten, um störende Schwingungen zu entfernen, und atmen Sie den Duft bewusst ein. Beginnen Sie erst dann mit dem Ritual, wenn sich Ihre Anspannungen gelöst haben und Ihr Kopf frei ist.

2. Die gelbe Kerze, welche Ihre spirituelle Kraft unterstützt, wird zunächst mit dem Lavendelöl gesalbt, bevor Sie diese anzünden. Stellen Sie sich beim Anzünden vor, wie die Flamme beruhigende Energie in Ihren Körper hineinfließen lässt.

3. Legen Sie sanfte Musik auf und schließen Sie die Augen. Bewegen Sie sich vollkommen frei im Takt der Musik und vergessen Sie alles um sich herum.

4. Lassen Sie die Kerze komplett abbrennen und meditieren Sie zum Abschluss.

Durchsetzungskraft

Fehlt es Ihnen an Durchsetzungsvermögen, kann dieses Ritual Sie dabei unterstützen, in allen Lebenslagen durchzuhalten.

Material:

eine lila Kerze
ein Umschlag
ein Blatt Papier
ein Bleistift
etwas Meersalz

Vorgehensweise:

1. Streuen Sie mit dem Meersalz einen kleinen Kreis auf den Boden. In den Kreis hinein legen Sie den Umschlag.

2. Schreiben Sie auf, welches Ziel Sie unbedingt erreichen möchten und bis wann dies geschehen soll. Legen Sie dann den Zettel in den Umschlag und schließen Sie ihn noch nicht.

3. Die lila Kerze symbolisiert Ihren starken Willen. Stellen Sie die Kerze mit in den Kreis und entzünden Sie diese mit folgendem Spruch:
„Ich kann alles schaffen. Ich bin bereit, alles dafür zu tun. Ich habe die Macht, durchzuhalten.“

4. Schließen Sie den Umschlag und tropfen Sie das Wachs darauf, sodass ein Wachssiegel entsteht. Sie können in das Wachs auch noch ein besonderes Symbol zur Verstärkung ritzen. Dafür eignet sich beispielsweise die Rune Uruz, welche für innere Stärke steht.

Sanftmut

Wenn Sie sich nicht mehr so leicht aufregen möchten und Ihr Alltag dringend eine Entschleunigung benötigt, greifen Sie einmal auf diesen Zauber zurück.

Material:

zwei rosa Kerzen
ätherisches Eukalyptusöl
ein gelbes Baumwollband

Vorgehensweise:

1. Wenn Sie die rosa Kerzen mit dem Eukalyptusöl eingerieben haben, stellen Sie diese auf Ihre Fensterbank. Das Fenster sollte dabei schon geöffnet sein. Entzünden Sie die Kerzen und blicken Sie in den Himmel hinauf. Lassen Sie sich nicht durch andere Störfaktoren ablenken, sondern beobachten Sie die Wolken und das Treiben der Vögel.

2. Reiben Sie das gelbe Band ebenfalls mit dem Eukalyptusöl ein, während Sie darüber nachdenken, was Sie nervös macht und belastet. Für jeden Gedanken machen Sie einen Knoten in das Band. Legen Sie dieses dann auf die Fensterbank und pusten Sie die Kerzen aus, sodass der Rauch aus dem Fenster weht.

3. Fassen Sie einen Entschluss für die Zukunft, wie Sie mehr Leichtigkeit in Ihren Alltag bringen können. Sprechen Sie diesen Entschluss laut aus. Nehmen Sie das Band wieder an sich und vergraben Sie dieses während des abnehmenden Mondes in der Erde. Schon bald wird Sie niemand mehr so schnell aus der Ruhe bringen können.

Ängste abbauen

Das Ritual hilft Ihnen, sich Ihren Ängsten entgegenzustellen und diese aufzulösen.

Material:

eine schwarze Kerze
eine Feuerschale
ein Blatt Papier
ein Bleistift
ätherisches Lavendelöl
Salbei zum Räuchern

Vorgehensweise:

1. Bevor Sie beginnen, reinigen Sie wie gewohnt den Raum mit einer Salbeiräucherung. Salben Sie die schwarze Kerze mit dem Lavendelöl und platzieren Sie diese anschließend auf Ihrem Altar.

2. Schreiben Sie Ihre größte Angst auf das Blatt Papier und legen Sie dieses neben die schwarze Kerze. Entzünden Sie die Kerze und sprechen Sie Ihre Angst laut aus. Dabei schließen Sie die Augen und stellen sich vor, wie Sie die Angst überwunden haben.

3. Halten Sie das Blatt in die Flamme und sprechen Sie diesen Zauberspruch:
„Löse dich von mir und nage nicht an meinen Gedanken,
ich bin nicht voller Angst, sondern voller Mut.
Ab jetzt kannst du mir nichts mehr anhaben, so sei es."

4. Legen Sie das Blatt dabei in die Feuerschale und warten Sie, bis es vollständig verbrannt ist. Die Asche werfen Sie draußen in der Natur in die Luft, damit sich Ihre Angst verflüchtigen kann.

5. Die Kerze sollten Sie komplett abbrennen lassen und nach dem Ritual außerhalb Ihres Hauses entsorgen, damit keine negativen Energien an Ihnen haften bleiben.

Selbstbewusstsein stärken

Dieses Ritual sorgt für mehr Selbstvertrauen und Mut.

Material:

ein Bild von Ihnen
eine goldene Kerze
ein Rosenquarzkristall
ätherisches Ylang-Ylang-Öl

Vorgehensweise:

1. Reiben Sie Ihre Kerze und Ihren Rosenquarz mit dem Ylang-Ylang-Öl ein. Dieses Öl soll sich positiv auf das Selbstbewusstsein auswirken und für mehr Selbstvertrauen sorgen.

2. Nehmen Sie das Bild von Ihnen in die Hände und konzentrieren Sie sich auf Ihre Stärken. Zählen Sie alle Dinge auf, die Sie an sich mögen, und legen Sie den Rosenquarz auf Ihr Bild.

3. Entzünden Sie dann die goldene Kerze und lassen Sie etwas Wachs auf das Bild tropfen. Sprechen Sie dazu folgenden Spruch:

„Nie wieder wird mich der Mut verlassen,
mein Licht wird nie mehr verblassen.
Ich trage viele Stärken in mir,
oh Universum, behalte sie hier.“

4. Nehmen Sie den Rosenquarz in Ihre Hände und halten Sie ihn an Ihr Herz. Laden Sie ihn mit positiven Energien auf, indem Sie daran denken, was Sie schon alles in Ihrem Leben geschafft haben. Halten Sie ihn wirklich nur kurz in die Flamme und bedanken Sie sich innerlich bei den höheren Mächten. Legen Sie den Rosenquarz dann unter Ihr Kopfkissen.

Sich für Beziehungen öffnen

Treten Sie anderen Menschen meist verschlossen entgegen, kann Sie dieses Ritual dabei unterstützen, Ihren alten Kummer hinter sich zu lassen. Finden Sie neuen Mut, Beziehungen einzugehen und zu pflegen.

Material:

vier rote Kerzen
ein Stock

Vorgehensweise:

1. Führen Sie dieses Ritual am besten in freier Natur durch und richten Sie sich dabei nach Norden aus.

2. Die Kerzen stellen Sie mit etwas Abstand auseinander. Jede Kerze sollte dabei ein Element repräsentieren. Sie können die Kerzen mit den entsprechenden Symbolen für Feuer, Wasser, Erde und Luft kennzeichnen.

3. Suchen Sie sich einen Stock, mit dem Sie einen Kreis um die Kerzen ziehen können. Sie können den Kreis in die Erde ritzen oder symbolisch andeuten.

4. Beginnen Sie damit, im Norden die erste Kerze anzuzünden, und lassen Sie die restlichen Kerzen im Uhrzeigersinn folgen, sodass die Reihenfolge des Entzündens von Norden (Feuer) über Osten (Luft) und Süden (Wasser) bis hin zum Westen (Erde) verläuft.

5. Visualisieren Sie nun, wie Ihre neue Partnerschaft oder Freundschaft aussehen soll. Senden Sie Ihren Wunsch auf die feinstoffliche Ebene hinaus, indem Sie dazu diesen Zauberspruch sprechen:

„Möge mein Wunsch sich erfüllen und das, was mir vorbestimmt, geschehen.
So soll mich dieser Mensch finden und mir treu zur Seite stehen.
Ihr Elemente, Feuer, Luft, Wasser, Erde,
rufe ich an, dass ich erhört werde."

6. Pusten Sie danach die Kerzen gegen den Uhrzeigersinn wieder aus. Vergraben Sie die Kerzen dann beim nächsten Vollmond in der Erde.

Bonus: Mit Kerzenmagie durch das Jahr

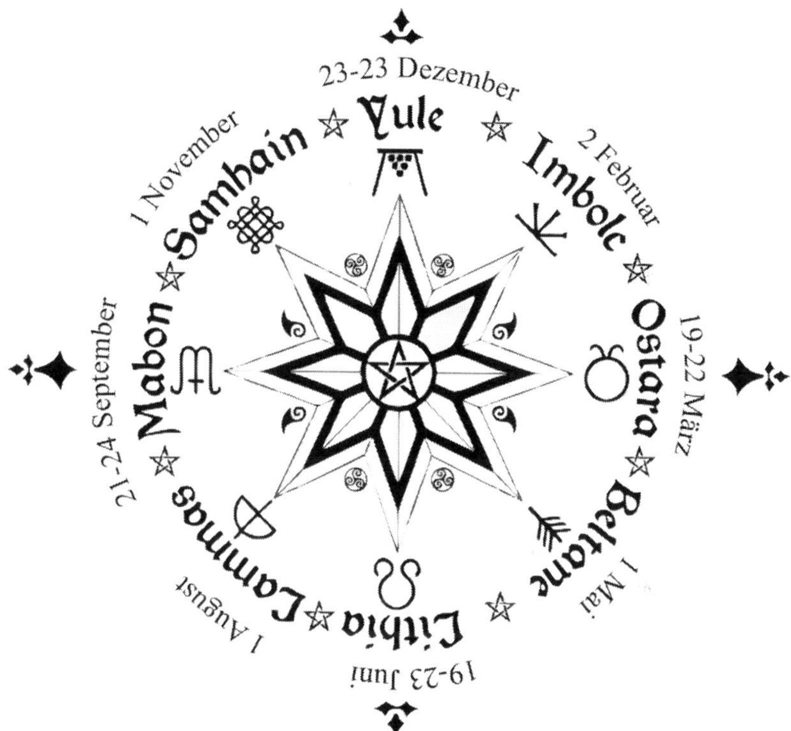

Da Sie nun viele Kerzenrituale kennengelernt haben, möchte ich Ihnen zusätzlich noch die acht Jahreskreisfeste vorstellen. Diese Jahreskreisfeste – auch Sabbate genannt – besitzen eine ganz besondere Energie, die Sie in Ihre Kerzenmagie einfließen lassen können. Ich gebe Ihnen noch dazu allgemeine Informationen zu den Hintergründen und auch praktische Tipps für Ihre Rituale. Sie finden zu jedem Sabbat immer ein passendes Kerzenritual, das Sie gerne ausprobieren können.

DIE NATUR ERWACHT! FRÜHLING & NEUANFANG

Die helle Jahreszeit beginnt und die Natur zeigt ihre schönste Seite: Die Blumen blühen, Bäume werden grüner und die Tiere erwachen aus ihrem Winterschlaf. Die dunklen Tage sind endlich zu Ende und die ersten Sonnenstrahlen lassen Frühlingsgefühle entstehen. Zu den wichtigsten Festen der hellen Jahreszeit gehören Imbolc und Ostara.

Imbolc/Brigid/Lichtmess (1. Februar)

Imbolc liegt offiziell zwar noch in der Mitte der Winterzeit, markiert aber das erste Erwachen der Natur. Somit wird dieses Fest schon zu den Frühlingsfesten gezählt, da es das Wiederkehren des Lichtes zelebriert. Der Winter verabschiedet sich langsam und die Pflanzen bereiten sich darauf vor, wieder in vollem Glanz zu erstrahlen. Der 1. Februar ist der Tag der Göttin Brigid, welche auch die dreifaltige Göttin, Aradia, oder Hekate genannt wird. Sie ist die Herrscherin des Feuers, Schutzgöttin der Familie und wird allgemein als Muttergöttin der Kelten verehrt. Der Name Imbolc bedeutet nach keltischer Übersetzung so viel wie „Reinigung" und bezieht sich darauf, dass die Natur sich von der Dunkelheit befreit.

Rituale zu Imbolc

Die Kelten sollen vor dem Fest alle Lichter gelöscht haben, damit sie danach mit einem heiligen Feuer den Neuanfang der Natur feiern konnten. Für die Göttin Brigid wurde ein Kreuz angefertigt, das auch den Namen „Brigids Kreuz" trug. Es bestand meist aus Stroh oder Grashalmen. Es diente zum Schutz vor negativen Energien und sollte Haus und Hof beschützen. In der Nacht wurden zudem viele weiße Kerzen aufgestellt, die bis zum Morgengrauen abbrennen mussten. Die Kerzen symbolisierten das Licht der Sonne, welches die Dunkelheit endgültig vertreiben und die helle Jahreszeit herbeirufen sollte.

Rituale, die für Imbolc geeignet sind:

- ❖ Reinigungsrituale jeglicher Art
- ❖ Klangrituale mit Glöckchen, Musik etc.
- ❖ Räucherungen werden besonders intensiv wahrgenommen
- ❖ mehrere weiße Kerzen aufstellen, die bis zum nächsten Morgen abbrennen sollten
- ❖ ein Brigid-Kreuz herstellen
- ❖ das eigene Leben ausmisten und einen Neubeginn wagen
- ❖ ein rituelles Bad nehmen

Kerzenritual, um die Sonne willkommen zu heißen

Stellen Sie am 1. Februar, bevor es dunkel wird, mehrere weiße Kerzen in Ihrer Wohnung oder Ihrem Garten auf. Salben Sie die Kerzen unbedingt mit ätherischem Öl. Welches Sie dafür benutzen möchten, bleibt Ihnen überlassen. Entzünden Sie die Kerzen, sobald sich die Nacht zeigt, und visualisieren Sie, wie nun endlich das Licht zurückkehrt und die Natur sich auf den Frühling vorbereitet. Sprechen Sie zur Muttergöttin und bitten Sie darum, dass alle Negativität aus Ihrem Umfeld verschwindet:

„Oh, große Göttin Brigid, lass die schlechten Energien fortziehen. Weise dem Licht den richtigen Weg. Segne mich mit Freude und schönen Erlebnissen. Du hast die Macht dazu und ich danke dir für deine Hilfe. So soll es sein.“

Sie können an diesem Abend auch ein Brigid-Kreuz flechten, das Sie an die Eingangstür hängen. Passende Anleitungen dazu finden Sie im Internet.

Ostara/Frühjahrs-Tagundnachtgleiche (19. März bis 21 März)

Endlich hat der Frühling begonnen und die Natur hat ihre volle Energie zurück. Die Dunkelheit ist nicht mehr präsent und das Licht dominiert. Das Fest Ostara wurde nach der germanischen Frühlingsgöttin benannt, welche zudem für Fruchtbarkeit und Ackerbau zuständig ist. An Ostara werden neues Wachstum und die Wiedergeburt der Natur gefeiert. Nach der alten germanischen Sage kämpft Ostara jedes Jahr gegen die Eisriesen, welche symbolisch für den Winter stehen. Jedes Jahr trägt die Göttin den Sieg davon und leitet den Frühling ein. Typische Glückssymbole zu Ostara sind der Hase und der Marienkäfer. Der Hase steht zudem für Fruchtbarkeit und wird auch im christlichen Glauben an Ostern zusätzlich als Symbol der Auferstehung genutzt.

Rituale zu Ostara

An Ostara band man einen Ostara-Busch aus Birkenzweigen, den man als Dekoration in sein Heim stellte. Er sollte den Frühling und das Licht ins Haus holen. Typisch war auch das Flechten eines Kranzes mit vielen Blumen, welcher anschließend in einen Bach oder Fluss gelegt wurde, um der Göttin Ostara ein Opfer darzubringen. Auch das bekannte Eierbemalen war Tradition. Hintergrund war hier die Entstehungsgeschichte der Welt. Denn Ostara soll nach keltischer Legende ein Ei gelegt haben, welches sie bis zum Schlüpfen zwischen ihren Brüsten wärmte. Als das Ei zerbrach, trat die Natur mit all ihrer Schönheit hervor. Somit ist das Ei ein Symbol für die Geburt der Erde.

Diese Rituale sind für Ostara geeignet:

- ❖ Wünsche manifestieren
- ❖ einen Ostara-Busch aus Weidenkätzchen oder Birkenzweigen binden
- ❖ den Altar mit bunten Eiern, frischen Blumen und pastellfarbenen Kerzen herrichten
- ❖ die Natur genießen und spazieren gehen
- ❖ einen Blumenstrauß pflücken und zu Hause aufstellen

Kerzenritual an Ostara

Manifestieren Sie Ihren größten Wunsch, indem Sie die Augen schließen und sich vorstellen, wie dieser Wunsch schon in Erfüllung gegangen ist. Denken Sie dabei an so viele Details wie möglich. Nehmen Sie dann eine rosa Kerze und zünden Sie diese an. Stellen Sie die Kerze möglichst an einen hellen Platz, damit sie das Sonnenlicht gut einfängt. Zünden Sie diese Kerze für die nächsten sieben Tage jeden Morgen an und wiederholen Sie in Gedanken Ihren Wunsch. Schon bald werden Sie Ihrem Ziel näher kommen.

HOCHZEIT: DEN SOMMER ZELEBRIEREN

Im Sommer feiern wir das Licht, die Wärme und Freude, die diese Jahreszeit mit sich bringt. Die Sonne steht hier im Fokus und lässt die Natur auf ihrem Höhepunkt erstrahlen. Aber auch der Beginn der Erntezeit wird eingeläutet und die Natur zeigt, was sie zu bieten hat. Zu den wichtigen Festen in dieser Zeit gehören Beltane und Litha.

Beltane/Walpurgisnacht (30. April bis 1. Mai)

An Beltane – auch als Walpurgisnacht bekannt – wird die allgemeine Fruchtbarkeit von Mensch und Natur zelebriert. In der wohl wichtigsten Nacht der Hexen wird die Liebe, die Zuneigung und allgemein die Beziehung zur Natur verfestigt. Der keltischen Mythologie nach findet an diesem Tag die Hochzeit des Sonnengottes und der Erdgöttin statt. Anschließend segnen Gott und Göttin die Erde, um deren zukünftige Fruchtbarkeit sicherzustellen. In dieser Nacht wird bis zum Morgengrauen getanzt und voller Lebensfreude gefeiert.

Rituale zu Beltane

Das bekannteste Ritual an Beltane ist das Springen über ein Lagerfeuer. Besonders Paare vollziehen diesen Brauch, um sich zu reinigen und eine tiefere Bindung einzugehen. An diesem Tag steht die körperliche und geistige Vereinigung von Mann und Frau im Vordergrund. Außerdem wird an diesem Tag traditionell die Hexenhochzeit, auch Handfasting oder Bandritual genannt, abgehalten. Zusätzlich werden Maibäume aufgestellt, die mit bunten Bändern geschmückt sind, und selbst gebastelte Blumenkränze auf dem Kopf getragen. Um die Reinheit der Natur zu ehren, wird in dieser Nacht ausschließlich weiße Kleidung getragen.

Rituale, die Sie an Beltane vollziehen können:

- einen Maibaum schmücken
- „Elfen-Tränen“ für magische Rituale sammeln. Dazu sammelt man am Morgen nach Beltane das Tauwasser von Maiglöckchen ein
- Lagerfeuer entfachen und mit dem eigenen Partner darüber springen
- Wünsche aufschreiben und im Beltane-Feuer verbrennen, damit diese in Erfüllung gehen
- dem Partner seine Liebe offenbaren

Kerzenritual für Paare in der Walpurgisnacht

Nehmen Sie zwei rote Kerzen und ritzen Sie Ihren Namen in die eine Kerze und die Ihres Partners in die andere Kerze. Entfachen Sie ein Lagerfeuer und bitten Sie Ihren Partner zum Tanz. Nehmen Sie danach beide Ihre Kerzen in die Hand und schauen Sie sich tief in die Augen. Erzählen Sie einander, was Sie am anderen lieben und welche Wünsche Sie für die Beziehung haben. Entzünden Sie die beiden Kerzen und stellen Sie diese ganz nah beieinander. Lassen Sie die Kerzen herunterbrennen, damit Ihre Wünsche ins Universum hinausgetragen werden.

Litha/Sommersonnenwende (21. Juni)

Der Tag der Sommersonnenwende ist der längste Tag des Jahres, mit der kürzesten Nacht. Nun erreicht der Sommer seinen Höhepunkt und die Lebensfreude ist deutlich zu spüren. Litha ist das Fest des Überflusses und feiert zugleich die Fruchtbarkeit, die Männlichkeit und die Schönheit, die von der Natur ausgeht. Bald beginnt die Erntesaison und die Verbindung zur Natur und anderen Wesenheiten nimmt zu. Litha ist auch die keltische Mondgöttin, welche die Balance zwischen dem Wachstum und Absterben der Natur aufrechterhält.

Rituale zu Litha

In Skandinavien feiert man Litha noch immer. Der Mittsommer wird traditionell mit einem großen Feuer eingeläutet, um das man herumtanzt und ausgelassen mit Freunden und Familie feiert. Dabei wird gesungen und eine Vielzahl an köstlichen Speisen aufgetischt.

An Litha können Sie zum Beispiel diese Rituale vollziehen:

- getrocknete Blumen in der Natur verstreuen oder über einem Lagerfeuer verbrennen
- um ein Lagerfeuer herum tanzen und singen
- einen Honigkuchen backen
- magisches Sonnenwasser herstellen, das Sie für Ihre Rituale nutzen können
- die Sonne anbeten und ein Sonnenbad abhalten
- Früchte und Beeren sammeln, damit Sie daraus im Anschluss etwas Leckeres backen können
- eine Blumenkrone basteln und aufsetzen
- den Altar mit sommerlichen Gegenständen dekorieren (Zitronen, Sonnenblumen, Muscheln, Sonnenfänger)

Kerzenritual zur Ehrung der Sonne

Gehen Sie nach draußen und stellen Sie eine gelbe Kerze in die Sonne. Zünden Sie die Kerze an drei aufeinanderfolgenden Tagen vor dem Fest Litha an. Meditieren Sie im Sonnenlicht und bedanken Sie sich bei der Sonne für ihre Dienste. Wenn die Sonne nicht jeden Tag scheint und auch mal eine Wolkendecke zu sehen ist, hat das auf Ihr Ritual keinen Einfluss. Die Sonnenstrahlen erreichen ihre Kerze auch so. Mit diesem Ritual können Sie auch gleichzeitig magisches Sonnenwasser herstellen, wenn Sie eine Glasflasche Wasser zu Ihrer Kerze stellen. Wenn Sie die Kerze mit den Sonnenstrahlen aufgeladen haben, stellen Sie diese an Litha auf Ihren Altar. Das Sonnenwasser können Sie für Rituale verwenden oder an Litha zu Zitronenlimonade verarbeiten.

RÜCKZUG & ERNEUERUNG: EINKEHR IM HERBST

Der Sommer neigt sich dem Ende zu und der Herbst beschenkt die Menschen mit seinen köstlichen Schätzen. Die Erntezeit ist ein wichtiger Abschnitt im Jahr, denn diese zeigt an, ob das Jahr erfolgreich war oder ob Fehler passiert sind. Schon jetzt beginnt die Natur, langsam zurückzufahren, und bereitet sich auf die Winterpause vor. Wichtige Feste zu dieser Jahreszeit sind Lammas, Mabon und Samhain.

Lammas/Lughnasadh/Schnitterfest (1. August)

Am 1. August findet das Schnitterfest statt, welches die erste Ernte des Jahres – vorzugsweise die Getreideernte – ehrt. Auch wird das Fest Lammas oder Lughnasadh genannt. Letzteres bezieht sich auf eine keltische Sage, wonach der Sonnengott Lugh zum Kornkönig reift und sein Licht wie pures Gold erstrahlt. Dabei reift er und fällt gleichzeitig wie das Korn unter Sense und Sichel. Er schenkt somit den Menschen durch sein Ableben das Brot. Der Begriff Lammas bedeutet übersetzt „Heilkräutersegen", denn die gesammelten Kräuter wurden für den Winter haltbar gemacht und anschließend gesegnet.

Rituale zu Lammas/Lughnasadh

Die Bauern segneten die Felder mit Weihrauch und dekorierten diese mit frischen Blumen. Außerdem wurden Schutz- und Reifezauber ausgesprochen, um das Korn unversehrt in die Scheunen zu geleiten. Traditionell wird an diesem Tag ein Kranz oder eine Puppe aus Korn gebastelt. Die Puppe soll dann entweder am selben Abend verbrannt oder für ganze drei Schnitterfeste im Haus aufbewahrt werden. Auch das Backen von Brot war Tradition, wobei man auch Bier selbst braute und genoss.

Rituale, die Sie am Schnitterfest ausführen können:

- ein großes Lagerfeuer entfachen
- ein Brot backen, von dem Sie ein kleines Stück als Opfergabe an die Natur in der Erde vergraben.
- Den Altar mit Korn und Sonnenblumen dekorieren und orangefarbene oder gelbe Kerzen aufstellen
- Meditieren
- Heilkräuter räuchern
- das Reinigen und Weihen magischer Gegenstände
- einen Kornkranz oder eine Kornpuppe herstellen

Kerzenritual für das Schnitterfest

Gehen Sie hinaus in die Natur und sammeln Sie etwas Korn und ein paar Kräuter von den Feldern. Platzieren Sie dies auf einem Tablett oder einem großen Teller. Stellen Sie in die Mitte eine gelbe Kerze und entzünden Sie diese. Sicherer ist das Ganze, wenn Sie die Kerze in ein Windlicht stellen. Nehmen Sie dann etwas vom Korn und halten Sie es in die Flamme. Legen Sie das Korn in eine Feuerschale und bedanken Sie sich in Gedanken bei der Natur für ihre wundervollen Gaben.

Mabon/Herbst-Tagundnachtgleiche (23. September)

Der Herbst zeigt sich endlich und die Natur kommt langsam zur Ruhe. Ende September wird das Fest Mabon gefeiert, welches das Fest der Ernte ist. Auch als Erntedankfest bekannt, wird an Mabon nicht nur der Natur für ihre Gaben gedankt, sondern auch dem eigenen Leben Respekt erwiesen. Das keltische Fest erstreckte sich oft bis zum nächsten Vollmond und die Bauern ließen häufig kleinere Reste auf den Feldern liegen. Das hatte den Hintergrund, dass sie so der Natur etwas von Ihrer Großzügigkeit zurückgeben konnten. Laut der keltischen Sage stieg der Gottessohn Mabon hinab in die Unterwelt und wurde wiedergeboren – so, wie auch die Natur sich verabschiedete, um im kommenden Frühling neu zu gedeihen. Die Stille, die Mabon in der Unterwelt erlebte, begann so auch für Mensch und Natur.

Rituale zu Mabon

Das bekannteste Ritual zu Mabon ist das Erntedankessen, bei dem aus der Ernte viele köstliche Speisen zubereitet werden. Das gemeinsame Zusammensitzen am Tisch soll die Dankbarkeit für Familie, Freunde und Natur ausdrücken.

An Mabon eignen sich folgende Rituale:

- ❖ Speisen und Getränke aus Äpfeln herstellen
- ❖ Vorräte für den Winter anlegen und Speisen haltbar machen
- ❖ den Altar mit herbstlicher Dekoration herrichten und orangefarbene Kerzen aufstellen
- ❖ ein Dankbarkeitsritual abhalten
- ❖ den Göttern mit Früchten, Obst oder Pflanzen ein Opfer darbringen
- ❖ Das eigene Leben ausmisten (Haushalt, soziale Kontakte, alte Gewohnheiten)
- ❖ einen herbstlichen Kranz basteln und an die Haustür hängen

Kerzenritual als Dank für die Natur

Als Räuchermischung eignet sich an Mabon Zedernholz, Zimt oder Orange. Nehmen Sie eine orangefarbene Kerze und salben Sie diese mit ätherischem Orangenöl. Schreiben Sie eine Dankbarkeitsliste und lesen Sie diese laut vor. Entzünden Sie die Kerze und tropfen Sie auf jeden Punkt Ihrer Liste etwas von dem Kerzenwachs. Stellen Sie die Kerze dann in die Natur und vergraben Sie Ihre Liste in der Erde. Entzünden Sie die Kerze dann jeden Abend bis zum nächsten Vollmond.

Samhain/ Nacht der Toten (31. Oktober bis 1. November)

In der Nacht vom 31. Oktober auf den 1. November ist die Barriere zwischen der Welt der Toten und unserer Welt besonders durchlässig. Das ist der Grund, weshalb an diesem Tag der Kontakt zu den Ahnen sehr gut gelingt. Der Begriff Samhain bedeutet zudem „Vereinigung“, wobei hier darauf angespielt wird, dass sich die Tore zur Unterwelt öffnen und die Verstorbenen sich Ihren Verwandten zeigen. Zu dieser Zeit neigt sich auch die helle Jahreszeit dem Ende zu und der Winter kündigt sich an. Die Reste der Ernte werden eingefahren und man bereitet sich auf die dunklen Tage des Jahres vor, indem Vorräte angelegt werden und man schon jetzt das Jahr Revue passieren lässt. Samhain ist sozusagen das Ende des Jahres, doch bis zum Yulefest dauert es noch etwas. Die Tage, die dazwischenliegen, werden als „düstere Tage“ bezeichnet.

Rituale zu Samhain

Am Morgen nach Samhain ist es Tradition, den Friedhof zu besuchen und den Verstorbenen Respekt zu erweisen, um sie anschließend wieder in ihre Welt zurückzubegleiten. Außerdem wird den Verstorbenen in Form eines Festessens ein Opfer dargebracht. Am Tisch wird dem Verstorbenen dann sogar ein Platz zugewiesen, der ebenfalls eingedeckt wird.

Rituale, die Sie an Samhain ausüben können, sind zum Beispiel:

- eine neue Intention für die dunkle Jahreszeit festlegen
- einen Naturspaziergang machen
- Ihren Altar mit Kürbissen, Äpfeln oder schwarzen Kerzen dekorieren
- Ihren Stammbaum erkunden und in alten Erinnerungen schwelgen
- mit Verstorbenen in Kontakt treten (Ouija, Pendeln etc.)
- ein Festmahl vorbereiten, von dem Sie einen kleinen Rest in der Natur vergraben oder an Wildtiere verfüttern

Kerzenritual, um Ihre Ahnen zu ehren

Nehmen Sie dazu eine schwarze Kerze und ritzen Sie den Namen des Verstorbenen, den Sie ehren möchten, in das Wachs hinein. Rufen Sie sich das Erscheinungsbild desjenigen vor Augen und denken Sie an alle wunderbaren Erlebnisse, die Sie mit diesem Menschen teilen konnten. Wenn Sie mit der verstorbenen Person nicht viele Erinnerungen teilen, nehmen Sie alte Fotos dazu und betrachten Sie diese ausgiebig. Überlegen Sie, was Sie an der Person fasziniert hat, und sprechen Sie in Gedanken mit ihr. Stellen Sie die schwarze Kerze auf die Fensterbank und entzünden Sie diese. Platzieren Sie daneben einen Teller mit Gebäck oder ein besonderes Getränk. Bevor Sie die Opfergabe genießen, bedanken Sie sich bei der verstorbenen Person für all die schönen Momente und Erinnerungen, die Sie mit ihr erleben durften.

INNERE MYSTIK & RAUHNÄCHTE: KERZENMAGIE IM WINTER

Zur Winterzeit ruht sich die Natur aus und sammelt neue Kräfte für das nächste Jahr. Es wird schneller dunkel und allgemein herrscht die Zeit der Ruhe, der Besinnung und der Nächstenliebe. Die Rauhnächte verleihen dieser Zeit einen mystischen Charakter. Das wichtigste Fest in dieser Jahreszeit ist die Wintersonnenwende, auch Yule, genannt.

Yule/Wintersonnenwende (21. Dezember)

Yule ist der bekanntlich kürzeste Tag mit der längsten Nacht. In dieser Nacht versucht das Dunkle, noch einmal an die Oberfläche zu gelangen, und deshalb ist es ratsam, die Nacht nicht im Freien zu verbringen. An Yule selbst wird der Beginn des neuen Jahres und das Wiederkehren der Sonne gefeiert. Einen Tag nach Yule finden dann die Rauhnächte statt, welche ganze zwölf Tage andauern. Diese Tage besitzen einen ganz besonderen Charme, denn sie sind dazu gedacht, das alte Jahr zu reflektieren, in sich zu ruhen und den Blick in die Zukunft zu richten.

Rituale zu Yule

Viele Traditionen der Christen an Weihnachten decken sich mit dem Yulefest. Es wurde ebenfalls ein Nadelbaum aufgestellt und geschmückt, Kerzen wurden angezündet und es wurde bewusst Zeit mit der Familie verbracht. Außerdem war es Brauch, einen Baumstammkuchen zu backen, der feierlich mit der Familie verzehrt wurde. Beim großen Wintersonnenwende-Feuer hat man dann den Nadelbaum verbrannt, um sich von altem Ballast zu befreien.

Passende Rituale für Yule:

- ❖ Räucherrituale mit Zimt oder Kiefernnadeln
- ❖ den Altar mit Tannenzapfen, Tannenzweigen, roten und grünen Kerzen herrichten
- ❖ kleine selbst gemachte Geschenke verteilen
- ❖ Mistelzweig aufhängen
- ❖ neue Intentionen und Ziele fassen
- ❖ das alte Jahr abschließen und Schattenarbeit betreiben
- ❖ ein Wintersonnenwende-Feuer anzünden
- ❖ einen Baumstammkuchen backen
- ❖ einen Nadelbaum aufstellen und schmücken
- ❖ für Vögel Nist- und Futterplätze herrichten

Kerzenritual für die Rauhnächte

Räuchern Sie den Raum mit Orangen, Zimt oder Kiefernnadeln. Nehmen Sie einen Stift und ein Blatt Papier zur Hand. Schreiben Sie auf, was für Sie im letzten Jahr positiv und was für Sie negativ war. Falten Sie den Zettel zusammen und schreiben Sie auf diesen Ihre Wünsche für das kommende Jahr. Zünden Sie eine schwarze Kerze an und tropfen Sie etwas Wachs auf den Zettel, während Sie in Gedanken Ihre Wünsche noch einmal wiederholen. Die Kerze zünden Sie daraufhin zwölf Abende in Folge an. Am letzten Abend lesen Sie sich den Zettel noch einmal durch und verbrennen ihn anschließend, nachdem Sie Ihre Wünsche im Geiste wiederholt haben. Verstreuen Sie die Asche dann in der Natur.

Nachwort

Kerzen sind auch heute noch sehr beliebt als Leuchtquellen, Symbolträger oder magische Hilfsmittel, denn das flackernde Kerzenlicht sorgt immer für eine ganz besondere Atmosphäre. Sie geben Ritualen den letzten Schliff und verstärken zusätzlich bestimmte Energien. Trotz guter Vorbereitung denken Sie bitte daran, dass Magie ihre Zeit braucht und es auch vorkommen kann, dass Rituale nicht sofort ihre Wirkung entfalten. Oftmals benötigt man sogar einen zweiten Anlauf oder auch einen dritten. Lassen Sie sich dadurch bitte nicht entmutigen, sondern bleiben Sie am Ball. Durch regelmäßiges Üben und Ausprobieren können Sie Ihren Weg in der Magie finden. Wenn Sie Magie mit Leidenschaft und ohne Zwang ausüben, haben Sie gute Chancen, Ihre Ziele zu erreichen. Für viele Lebenslagen bietet Ihnen dieses Buch die passenden Kerzenrituale und ich hoffe, dass Ihnen dieses Buch viele neue Eindrücke liefert und Sie bei Ihrer Arbeit mit der Kerzenmagie bestmöglich unterstützt. Noch dazu wünsche ich Ihnen viel Erfolg bei der Durchführung und dass Sie mithilfe der Kerzen mehr Licht in Ihr Leben bringen können.